SARTRE ET LA MISE EN SIGNE

FRENCH FORUM MONOGRAPHS

30

Editors R.C. LA CHARITÉ and V.A. LA CHARITÉ

SARTRE ET LA MISE EN SIGNE

TEXTE ÉTABLI PAR
MICHAEL ISSACHAROFF
ET
JEAN-CLAUDE VILQUIN

1982
KLINCKSIECK & Cie, PARIS
FRENCH FORUM, LEXINGTON, KY.

Copyright © 1982 by French Forum, Publishers, Incorporated, P.O. Box 5108, Lexington, Kentucky 40505 and Librairie des Méridiens, Klincksieck et Cie, Paris.

All rights reserved, including the right to reproduce this book, or parts thereof, in any form, except for the inclusion of brief quotations in reviews.

Library of Congress Catalog Card Number 81-68003

ISBN 0-917058-29-1

Printed in the United States of America

TABLE DES MATIERES

AVANT-PROPOS   5

GENEVIEVE IDT
    Des *Mots* à *L'Enfance d'un chef*:   11
    Autobiographie et psychanalyse

SERGE DOUBROVSKY
    Phallotexte et gynotexte dans *La Nausée*:   31
    "Feuillet sans date"

MICHAEL ISSACHAROFF
    Espaces mimétiques, espaces diégétiques: 56
    Pour une sémiotique des *Mouches*

JEAN ALTER
    Les Mains sales, ou La clôture du Verbe   68

WLADIMIR KRYSINSKI
    Sartre et la métamorphose du cercle pirandellien   83

GERALD PRINCE
    Roquentin et le langage naturel   103

MICHEL CONTAT
    "L'Ange du morbide,"   114
    ou Le mystère de la femme qui crache

TIMOTHY J. REISS
    La Matière des signes: 127
    Langage et société selon Sartre

ALAIN GOLDSCHLAGER
    Jean-Paul Sartre: Une philosophie du langage?   152

INDEX   165

AVANT-PROPOS

Nous publions ici les actes du dixième colloque annuel en littérature française qui s'est tenu en 1978 à l'université de Western Ontario (Canada). Des actes d'un congrès ce volume est devenu par la force des choses un modeste hommage rendu à titre posthume à l'un des plus grands auteurs de notre temps.

Dire que les études qu'on va lire ici s'avèrent divergentes relèverait de l'évidence même, mais trois lignes de force, en fait étroitement reliées entre elles, s'y dessinent: des études de psychanalyse littéraire portant sur la production romanesque de Sartre (textes de S. Doubrovsky, G. Idt, M. Contat); des essais de sémiotique théâtrale (textes de J. Alter, M. Issacharoff, W. Krysinski); et, enfin, des propos sur Sartre et le langage (textes de G. Prince, T. Reiss, A. Goldschläger).

La plupart de ces communications, sinon toutes, portent incontestablement la marque des préoccupations majeures de la critique et de la théorie contemporaines. Le lecteur constatera d'emblée que nous privilégions un certain Sartre: parler de l'ensemble de son œuvre (même littéraire) dans un ouvrage de dimensions réduites n'eût pas été concevable. C'est donc Sartre *littéraire*—romancier, nouvelliste, dramaturge, philosophe du langage—qui est ici mis en valeur aux dépens du critique, du philosophe, de l'homme politique, de l'homme tout court. Implicitement ce qui en ressort, c'est la modernité de l'œuvre littéraire. Dans une certaine mesure, ce livre répond à une remarque faite naguère par Roland Barthes selon laquelle Sartre serait un auteur d'avenir dont l'œuvre mériterait une relecture non idéologique. Si l'on a déjà trop parlé de l'homme Sartre, de sa philosophie, de ses interventions politiques, nous espérons que le lecteur verra ici sous un jour nouveau des œuvres importantes qu'il connaît de longue date.

Comment lire Sartre? A cette question on trouvera dans ce volume bon nombre de réponses provocantes: ainsi une relecture de *L'Enfance d'un chef* à partir de l'éclairage particulier que lui donnent *Les Mots*, celle de *La Nausée*, éclairée par l'étude minutieuse d'un fragment du texte, élucidée aussi par l'analyse de la conception du langage chez son protagoniste, accompagnent, par exemple une première lecture de *L'Ange du morbide*, premier texte publié de Sartre. Quant au théâtre, contrairement à ceux qui estiment sans intérêt ce versant de l'entreprise sartrienne, on a retenu ici comme textes prétextes à une spéculation sémiotique *Les Mouches, Huis-clos, Les Mains sales* à partir desquels sont fournis des éléments d'une sémiotique théâtrale (celle du texte, celle de la représentation). Sont envisagés notamment une sémiotique de la spatialité, le problème de l'intertextualité et de l'intratextualité théâtrales, conçues comme forces motrices de l'herméneutique, et on y propose d'autre part une théorie proprement sémiotique de la notion de théâtralité.

Enfin les deux chapitres qui complètent ce volume soulèvent une question capitale: par-delà les contradictions (réelles ou apparentes) inhérentes à la pensée de Sartre, à sa mouvance même, peut-on dégager une théorie cohérente, une philosophie du langage qui tienne compte de la praxis sartrienne?

Fiction et psychanalyse, théâtre et sémiotique, langage et société, écriture et écrivain, ces questions ne relèvent-elles pas toutes, en somme, d'une seule problématique fondamentale, celle de la mise en signe?

AVANT-PROPOS

Notre colloque Sartre n'aurait pu avoir lieu sans le généreux concours du Conseil de Recherches en Sciences Humaines du Canada, ni sans celui du Consulat de France à Toronto. De la part de tous les participants, je tiens à exprimer à ces organismes nos plus vifs remercîments.

Michael Issacharoff

Geneviève Idt

Des *Mots* à *L'Enfance d'un chef*:
Autobiographie et psychanalyse

Depuis la psychanalyse, "il n'y a plus d'univers naturel du roman," affirmait Sartre en 1970.[1] Paraphrasons sa démonstration: la psychanalyse pose au romancier contemporain une question inéluctable. Ou bien il accepte ce système d'interprétation et tente de l'utiliser pour rendre compte de ses personnages; et dans cette hypothèse le roman disparaît au profit de l'étude scientifique d'un cas fictif. Ou bien il le refuse et décide consciemment de l'ignorer; et il est tenu pour un artiste "naïf," homme de contestation plus que de véritable spontanéité. Ou enfin, et c'est une réponse bien sartrienne, il reste sceptique et construit alors "de faux romans comme ceux de Gombrowicz," "des sortes de machines infernales":

> Gombrowicz a une très bonne connaissance de la psychanalyse, du marxisme et de bien d'autres choses, mais il garde à leur égard une attitude sceptique, si bien qu'il construit des objets qui se détruisent dans l'acte même de leur construction—créant ainsi le modèle de ce qui pourrait être un roman à la fois analytique et matérialiste.
> ("Sartre par Sartre," p. 123)

"Une très bonne connaissance de la psychanalyse," mais "une attitude sceptique" à son égard, la construction d'objets autodestructifs, de romans contradictoires qui, tout en les contestant, utilisent les théories freudiennes pour élaborer intrigues et personnages, voilà ce qui caractérise Sartre aussi bien que Gombrowicz dans ses deux récits d'enfances, celle d'un "chef" et celle d'un écrivain.

Qu'il s'agisse d'une enfance réelle ou fictive, c'est un genre aujourd'hui où la vulgarisation des thèses freudiennes et l'extension de la pratique psychanalytique excluent toute naïveté: là où, par extraordinaire, l'auteur n'aurait pas vu malice, le lecteur la cherche par réflexe culturel et s'attend à voir développer, sur le mode direct ou déformé par le travail du rêve, les topoï modernes du récit d'enfance: la sexualité infantile, les fantasmes originaires, le complexe d'Oedipe, l'angoisse et le complexe de castration. *L'Enfance d'un chef* et *Les Mots* autorisent et même imposent une telle recherche: en citant explicitement des écrits de Freud et en évoquant des pratiques et des diagnostics de thérapeutes, les deux textes inscrivent dans le contexte culturel qu'ils présupposent une certaine image de la psychanalyse, exclusivement freudienne et simplifiée jusqu'à la vulgarisation. Allusion culturelle indéniable entre l'auteur et le public qu'il vise,[2] la psychanalyse est aussi dans les deux textes un objet de représentation plus ou moins ironique, et en même temps un principe d'interprétation du personnage principal. Cette triple inscription oblige le lecteur à prendre parti, à confirmer ou à infirmer l'interprétation proposée et en même temps mise en doute par le texte, à se livrer bon gré mal gré à la psychanalyse sauvage d'un être de fiction, héros de roman ou personnage-narrateur d'une autobiographie, figure donnée comme réelle mais aussi imaginaire que l'autre. "Au fond le lecteur est un tout petit peu—bien qu'on lui destine tout—mais un tout petit peu, comme un analyste."[3] Etre "un tout petit peu" seulement "comme" un analyste, ce n'est évidemment pas s'instituer en psychanalyste auprès de l'auteur ni même en psychocritique de son œuvre. C'est ici servir de "révélateur," s'identifier à l'image du lecteur que dessine le texte par ses allusions,[4] le lire à travers la grille culturelle que proposent ses références, réaliser l'interprétation analytique qu'il programme, jouer le jeu auquel il invite et seulement celui-là, sans chercher à le déchiffrer à l'aide de thèses plus récemment répandues ni à démolir le système défensif que peut-être il constitue. Il s'agit simplement de le paraphraser.

Dans cette perspective, *L'Enfance d'un chef* et *Les Mots* peuvent être lus chacun dans sa clôture. Mais tout écrit autobiographique suggère et légitime la relecture autobiographique des textes antérieurs; et quand deux récits d'enfance comportent tant d'épisodes analogues, leur superposition constitue un troisième texte, fait de leurs relations, de l'identité de certains de leurs éléments, de leurs lacunes respectives et des effets de sens qu'elles produisent.

1. L'ironie indécidable d'un récit préanalysé

Dans *L'Enfance d'un chef*, la psychanalyse est un principe de représentation romanesque, un système d'interprétation qui donne à l'intrigue une logique et au personnage une cohérence. Mais le statut de cette interprétation est incertain. D'un côté la satire explicite de la psychanalyse inciterait à voir dans le texte une parodie de roman analytique. D'un autre côté, de nombreuses références inavouées révèlent en tout cas une sérieuse connaissance de Freud et le texte peut paraître l'illustration, consciente ou non, mais précise, de thèses psychanalytiques.

Objet de représentation satirique, la psychanalyse dans *L'Enfance d'un chef* est conforme à l'image que s'en faisaient Sartre et S. de Beauvoir dans les années 32-34, sauf sur un point, d'importance:

Nous ne faisions pas de différence entre les chercheurs sérieux—Freud lui-même, certains de ses disciples et de ses adversaires—et les amateurs qui appliquaient leurs théories avec un sectarisme rudimentaire.[5]

Or *L'Enfance d'un chef* fait la différence, exclut de la représentation les "chercheurs sérieux" et s'attaque seulement à l'image de la psychanalyse chez les "amateurs" et à l'usage qu'ils en font. Poncif dans les conversations de Lucien, Berliac, leurs camarades, le professeur de Philosophie, la théorie psychanalytique est réduite à quelques éléments en nombre limité qui reviennent à une fréquence élevée: le nom de Freud; le titre de deux ouvrages, *L'Introduction à la psychanalyse* et *Psychopathologie de la vie quotidienne*, et l'évocation d'un troisième, "sur le rêve," comme si le personnage ou le narrateur hésitait entre *L'Interprétation des rêves* et *Le Rêve et son interprétation*; quelques notions, les plus vulgarisées, celle d'inconscient et celle de complexe,[6] dont la critique par Freud lui-même venait de paraître en français en 1936; une théorie, fort simplifiée, celle qui, chez Freud, établit une longue série d'équivalences: "enfant=pénis=fèces=argent=cadeau,"[7] et que Berliac réduit à cette simple proposition: "fèces=or."

D'autre part, l'usage que font de la psychanalyse Lucien et Berliac ressemble à celui que Sartre et S. de Beauvoir observaient et critiquaient dans leur entourage, en particulier chez les amis de Colette Audry.[8] Les uns comme les autres interprètent leurs sentiments et leurs conduites selon des schémas freudiens, trouvent dans la psychanalyse des "rationalisations fallacieuses" d'expériences singulières qu'ils évitent ainsi d'approfondir, des prétextes pour fuir les décisions et s'en remettre à l'autorité d'autrui, des alibis aux diverses formes de la "mauvaise foi," notion que Sartre venait de forger, le support de comportements superstitieux et de "pensées prélogiques" qu'il s'amusait alors à découvrir à foison dans "notre monde civilisé." *La Force de l'âge* semble formuler explicitement le sens de la représentation ironique des pensées, des paroles et des actes de Lucien lors de sa "révélation" psychanalytique, au point qu'on se demande quel texte démarque l'autre, et si les souvenirs de S. de Beauvoir n'ont pas été reconstitués à partir de la nouvelle.

Cependant, *L'Enfance d'un chef* révèle chez son narrateur-auteur des sentiments beaucoup plus complexes à l'égard de la psychanalyse que *La Force de l'âge* n'en attribue au Sartre des années 32-34. D'abord parce que Sartre a donné à l'attirance et aux réticences de Lucien une valeur autobiographique plus précise:

c'est parce que j'étais français que je refusais Freud . . . Il ne faut jamais oublier le poids du rationalisme cartésien en France. Quand on vient de passer son bachot, à dix-sept ans, après avoir reçu un enseignement fondé sur le "*Je pense, donc je suis*" de Descartes, et qu'on ouvre la *Psychopathologie de la vie quotidienne*, . . . on a le souffle coupé.[9]

Loin d'adhérer à cette résistance cartésienne, le narrateur-auteur la place à distance ironique dans les paroles du Babouin, où le "Ghogito ergo çoum" a valeur de formule magique:

"C'est une mode, dit-il, qui passera. Ce qu'il y a de meilleur chez Freud, vous le trouvez déjà chez Platon. Pour le reste, ajouta-t-il d'un ton sans réplique, je vous dirai que je ne coupe pas dans ces fariboles. Vous feriez mieux de lire Spinoza."

Ensuite parce que la construction du texte témoigne d'une connaissance de Freud beaucoup plus approfondie que n'en ont Lucien et le Sartre de *La Force de l'âge*: elle emprunte des schémas d'intrigues et des modèles de scènes et de comportements à deux types de textes, ceux que cite la nouvelle et d'autres plus récents.

Dans leur étude des références à la psychanalyse dans *L'Enfance d'un chef*, A.J. Arnold et J.-P. Piriou décrivent ce récit comme "un exercice de thème et de version" à partir de *Trois Essais sur la théorie de la sexualité*, où Sartre tente de "concurrencer Freud sur son propre terrain, celui de la sexualité infantile, en incorporant à sa fiction le texte même de Freud."[10] Selon eux, il n'y aurait rien de satirique dans cette illustration, mais un remaniement des concepts freudiens dans une optique sartrienne. Or le système des références dans le texte semble trop complexe pour qu'on puisse décider de son sens. Car l'ouvrage de Freud ainsi illustré, c'est bien plutôt l'*Introduction à la psychanalyse*, le seul ouvrage que lise Lucien et qu'ignore son auteur prétendu, le Sartre de *La Force de l'âge*. Dans ce cas, *L'Enfance d'un chef* est un texte à "allusions ludiques": il nomme son modèle sans indiquer qu'il le prend pour modèle et qu'il en fait la parodie.

Plus de vingt ans après les leçons d'introduction à la psychanalyse données par Freud en 1916-17, *L'Enfance d'un chef* semble écrit pour produire l'effet de scandale que Freud sentait chez ses auditeurs quand il leur parlait de la sexualité infantile: le récit illustre la thèse de la sexualité infantile telle qu'elle est développée dans deux chapitres de l'*Introduction*: "La Vie sexuelle de l'homme" et "Développement de la libido et organisation sexuelle." Voici la thèse: "les enfants possèdent quelque chose qui mérite le nom de vie sexuelle";[11] mais la société la refrène et détourne cette énergie vers le travail. Ce processus est manifeste dans *L'Enfance d'un chef*; c'est même sur lui que reposent bien des effets humoristiques dans la première partie: les adultes s'entendent pour ignorer la sexualité de Lucien, l'en détournent par "les multiples soucis de la rentrée," par les problèmes de trigonométrie, et l'enfant se plie à ces exigences en dissimulant ou en intériorisant les consignes parentales. D'autre part, toutes ses expériences illustrent les trois caractéristiques de la sexualité infantile décrites par Freud: perversité, polymorphie, curiosité.

Freud fournit enfin un schéma d'intrigue à la nouvelle. Car la vie infantile selon Freud peut être considérée comme un parcours d'obstacles vers la sexualité adulte, c'est-à-dire la procréation. Le chapitre sur le "Développement de la libido et les organisations sexuelles" en signale les étapes: la période prégénitale avec ses deux phases, orale et sadico-anale, la période de latence, et la puberté, qui affirme le primat des tendances génitales. Il décrit le mécanisme qui préside au choix de l'objet d'amour par renoncement à l'autoérotisme et unification des tendances partielles, et les manifestations concrètes du complexe d'Oedipe chez le garçon. Il définit enfin le but du parcours, l'adaptation sociale, et on entrevoit dans sa conclusion tout ce qui fait de ce parcours un roman d'aventures avec épreuves successives et parfois fin heureuse. *L'Enfance d'un chef* suit fidèlement ce schéma: les vingt premières pages décrivent l'organisation prégénitale, suggèrent la phase orale, montrent comment Lucien en sort, détaillent toutes les caractéristiques de l'organisation sadico-anale: tendances actives dans la cruauté envers les animaux ou envers les camarades, tendances passives dans le désir d'être caressé et lavé, de retenir ses excréments, pulsion de voir ce que la mère et les grandes personnes ont sous leurs robes, ce que contiennent les jouets et les statues, comment sont faits les petits camarades, ce que fait la bonne, pulsion de se faire voir. La pulsion de voir se transforme à la fin de la période de latence en pulsion de savoir, de tout connaître de l'anatomie féminine. A la même époque, Lucien choisit ses objets d'amour en fonction du complexe d'Oedipe. Il veut épouser sa mère, affirme qu'elle lui appartient, devient tendre avec elle, se réjouit du départ de son père, boude à son retour. Avant même la période de latence, le complexe d'Oedipe semble se résoudre, Lucien prend plaisir à se promener avec son père et accepte de s'identifier à lui: son choix d'objet est fait; il reste à renoncer à l'auto-érotisme. La période de latence correspond dans le récit à une accélération de la narration: une page raconte trois années, sans événement développé en scène: le refoulement a enfoui les souvenirs dans un "sommeil blanc," il ne subsiste de cette période que les objets sur lesquels s'est fixée la sublimation: la compétition scolaire et les efforts sportifs. Tout le reste de la nouvelle est consacré aux émois de la puberté, c'est-à-dire à la réactivation et à la liquidation des conflits de la période prégénitale. Dans l'abondance de ses détails, cette partie du récit ne suit plus seulement l'*Introduction*, comme nous le verrons plus loin, mais y revient au dénouement, mise en scène de la "génitalité" freudienne, faite d'adaptation sociale, de procréation et d'identification au père: " 'Je me marierai jeune,' pensa-t-il. Il se dit aussi qu'il aurait beaucoup d'enfants; puis il pensa à l'œuvre de son père; il était impatient de la continuer."

A la fidélité de ce contenu de la fiction s'ajoute celle de certaines techniques narratives. Après avoir décrit les trois organisations de la libido, Freud revenait sur la continuité de la vie pulsionnelle:

Il reste bien entendu que nous concevons chacune de ces tendances comme un courant qui avance sans interruption depuis le commencement de la vie et que nous usons d'un procédé artificiel lorsque nous le décomposons en plusieurs poussées successives." (*Introduction à la psychanalyse*, p. 320)

Cette précaution de Freud semble guider, au moins dans la première partie, l'enchaînement des épisodes et des paragraphes, dont la simple juxtaposition efface tout découpage temporel et toute structure apparente. D'autre part, la tendance à la répétition, que les traducteurs appellent "la viscosité de la libido," c'est-à-dire "la ténacité avec laquelle la libido adhère à certaines directions et à certains objets" (ibid., p. 327) semble illustrée par le retour et la synthèse dans la vie de Lucien de souvenirs parfois reconnus comme tels et toujours chargés d'affectivité. C'est le cas lorsque, répétant devant sa glace les paroles de Bergère, "je suis Rimbaud," il retrouve "une image absurde," et se revoit tout petit, déguisé en ange, donc dépourvu de sexe, et qu'il réalise son vieux désir de s'embrasser la saignée du bras. C'est encore le cas lorsque, dans le lit de Bergère, il n'éprouve de plaisir qu'en évoquant tous ses fantasmes enfantins:

> Il pensa à Madame Besse qui lui appuyait sur le ventre en l'appelant "ma petite poupée," et à Hébrard qui l'appelait "grande asperche," et aux tubs qu'il prenait le matin, en s'imaginant que M. Bouffardier allait rentrer pour lui donner un lavement et il se dit "je suis sa petite poupée."

Tous ces éléments réunis selon le mécanisme rudimentaire de l'association des idées renvoient chacun à une chaîne d'éléments signifiants; par exemple, cette Madame Besse l'a déjà appelé "ma petite poupée," mais de plus c'est une "grande et forte femme avec une petite moustache," comme pourrait le devenir la mère de Lucien dans son imagination; et il a déjà souhaité qu'elle le déshabille et le lave, comme il a souhaité être lavé par sa mère.

Enfin, dans l'*Introduction à la psychanalyse* comme dans *L'Interprétation des rêves*, Freud énumère quelques symboles constants dans les rêves et élabore, tout en s'en défendant, une petite clé des songes:

> La verge trouve d'abord ses substitutions symboliques dans des objets qui lui ressemblent par la forme, à savoir: cannes, parapluies, tiges, arbres, etc; ensuite par des objets qui ont en commun avec la verge de pouvoir pénétrer à l'intérieur d'un corps et causer des blessures: armes pointues de toutes sortes, telles que couteaux, poignards, lames, sabres, ou encore armes à feu, telles que fusils, pistolets et, plus particulièrement, l'arme qui, par sa forme, se prête tout spécialement à cette comparaison, c'est-à-dire le revolver. (*Introduction à la psychanalyse*, p. 139)

Or ce texte est illustré par plusieurs objets symboliques dans *L'Enfance d'un chef*: la canne est pour Lucien l'insigne social de la virilité, l'instrument symbolique de la jouissance dans ses rêveries érotiques, le signal qui le conduit à la génitalité. Le revolver, petit bijou de nacre et d'or caché dans les combinaisons de sa mère qui suscite de si fortes tentations, a sûrement une signification sexuelle, ou plusieurs. Enfin le symbole de la tige se présente sous trois formes, la pousse d'asperge à laquelle ses camarades, conformément au symbolisme freudien et à celui de l'argot, comparent Lucien, les tiges d'orties qui répandent un jus blanchâtre, le tronc du marronnier.

Dans une application si fidèle à la lettre du texte freudien et si scolaire, il est difficile de ne pas lire une parodie: le texte semble construit pour signifier les défauts que Sartre et S. de Beauvoir attribuaient à la psychanalyse:

> Nous en avions saisi la lettre plutôt que l'esprit; ils nous avaient rebutés par leur symbolisme dogmatique et par l'associationnisme dont ils étaient entachés. Le pansexualisme de Freud nous semblait du délire, il heurtait notre puritanisme.
> (*La Force de l'âge*, p. 137)

Pansexualisme, associationnisme, symbolisme dogmatique, c'est aussi ce qui caractérise l'illustration sartrienne de l'*Introduction à la psychanalyse*, parodie de roman analytique.

Mais le texte prend une autre dimension quand on y lit des références inavouées. On a vu en effet que l'*Introduction à la psychanalyse* ne fournissait pas de schéma détaillé pour la dernière partie du texte. En revanche, l'itinéraire qui mène de l'autoérotisme à l'objet hétérosexuel en passant par le narcissisme et l'homosexualité est décrit clairement dans la dernière partie des "Remarques psychanalytiques sur l'autobiographie d'un cas de paranoïa" (Le Président Schreber), dont la traduction avait paru en 1932. Freud y distingue deux stades précédant l'hétérosexualité: le narcissisme et l'homosexualité.[12] Or l'intrigue de *L'Enfance d'un chef*, après la période de latence de Lucien, suit ces étapes: Lucien renonce aux "pratiques solitaires" au moment où il entre à Centrale; mais c'est le narcissisme qui a permis ce renoncement: peu de temps auparavant, Lucien "se gobe," énumère ses propres qualités en essayant d'y trouver des satisfactions narcissiques. Ensuite, il choisit un objet d'amour différent de lui, mais de même sexe, Bergère.

Les rapprochements sont plus étroits avec une autre "histoire de malade," dont la traduction française avait paru également dans la *Revue française de psychanalyse* en 1935, "Extrait de l'histoire d'une névrose infantile (l'Homme aux loups)." Sans doute le "cas Lucien" ne présente-t-il pas la même gravité: ses parents n'ont pas de troubles nerveux, il n'a ni phobie ni névrose obsessionnelle,. Les rapprochements portent soit sur des détails concrets soit sur l'usage de notions psychanalytiques spécifiques. En effet, les deux personnages de ces récits ont des comportements analogues décrits dans des scènes analogues: ils cherchent à nuire aux domestiques, ils font souffrir les animaux, en particulier les insectes "rayés de jaune et de noir," ils coupent des chenilles, des serpents ou des plantes à coups de canne, ils prennent un vif plaisir aux plaisanteries anales, aux exhibitions, ils ont les mêmes fantasmes de lavement, et surtout, cette "symptomatologie intestinale" s'accompagne du même sentiment insistant, celui d'être enveloppé d'un voile ou d'un brouillard, qui disparaît avec la défécation ou son équivalent symbolique, l'éternuement. Peu importe que *L'Enfance d'un chef* suggère une interprétation métaphysique à ce sentiment, qui se surimpose à l'autre: le matériau reste le même.

D'autre part, le deuxième paragraphe du texte semble illustrer les notions de "scène originaire" et d' "après-coup," déjà abordées ailleurs par Freud, mais précisées et discutées dans la deuxième version de *L'Homme aux loups*. Il contient aussi des détails anecdotiques qui évoquent ce texte précisément. Car dans son contenu et sa signification, le cauchemar de Lucien ressemble au rêve des loups blancs. Dans les deux cas, quelqu'un est assis et observe intensément une scène d'agitation, et ce cauchemar renvoie à des souvenirs plus anciens. Il s'agit bien d'une "scène originaire" dont l'effet se produit après coup, d'une observation du coït parental à un âge où elle donne sens aux angoisses archaïques qu'elle réactive. Bien sûr, de tels rapprochements ne permettent pas d'affirmer que Sartre a lu, assidûment ou épisodiquement, la *Revue française de psychanalyse*, et d'ailleurs la question importe peu. Mais ils augmentent le doute sur la signification de *L'Enfance d'un chef*: l'illustration romanesque d'une théorie scientifique n'est peut-être qu'un exercice d'écriture, mais le pastiche peut aussi se lire comme parodie et comme satire, parodie du modèle narratif qu'il "applique," satire de la société dont le héros incarne l'idéal pathologique.

2. *Les Mots*: Un "Dialogue psychanalytique" avant la lettre

Entre *L'Enfance d'un chef* et *Les Mots*, et surtout entre les deux rédactions des *Mots*, l'information et la réflexion de Sartre sur la psychanalyse se sont étendues et approfondies, pendant l'élaboration de la *Critique de la raison dialectique*, de *Saint-*

Genet, du scénario sur Freud. Le résultat paradoxal et logique de cet immense travail, c'est que les références explicites à la psychanalyse sont à la fois plus rares, vagues et déférentes, et plus structurantes et sceptiques dans *Les Mots*. S'il est plus difficile de faire le portrait culturel de son lecteur virtuel, de cerner le savoir que présuppose sa lecture, le rôle que le texte attribue au public est plus précis. C'est celui que, cinq ans plus tard, Sartre lui a assigné en prenant la décision de publier dans *Les Temps Modernes* le "Dialogue psychanalytique," sa présentation par Sartre dans "L'Homme au magnétophone" et la "Réponse" de J.-B. Pontalis: il s'agissait de soumettre en dernier ressort au jugement du public le conflit qui opposait un analysant à son analyste et à toute la corporation. Or chaque fois qu'il est question de psychanalyse dans *Les Mots*, c'est pour citer ou rappeler le diagnostic d'un analyste sur le cas du narrateur. Et celui-ci feint d'y souscrire, mais donne au lecteur des indices pour réfuter ce diagnostic. La rédaction d'une autobiographie peut faire partie d'une autoanalyse; mais sa publication dans de telles conditions est l' "ersatz" d'une cure interrompue et reprise avec un nouvel analyste, le lecteur. "Scandale bénéfique et bénin,"[13] que cette substitution implicite de l'autorité du profane à celle du spécialiste.

L'une des fonctions de l'autobiographie consiste à rapporter et à rectifier les jugements d'autrui qui ont façonné auprès du public l'image de l'auteur célèbre. Or, dans *Les Mots*, les seuls propos sur son compte que le narrateur cite sans les contester ouvertement émanent d'une autorité psychanalytique ou portent un diagnostic de cette nature. Ils se ramènent à deux propositions seulement, mais si graves et si fondamentales dans le texte qu'il semble construit pour fournir contre elles les arguments d'un plaidoyer. L'une constate l'absence de Sur-moi, l'autre la présence de la névrose caractérielle qui en découle.

Formulée dès les premières pages en termes juridiques, la première proposition contient déjà, ironiquement, une contradiction interne. Commentant la mort de son père, le narrateur s'interroge: "Fut-ce un mal ou un bien? Je ne sais; mais je souscris volontiers au verdict d'un éminent psychanalyste: je n'ai pas de Sur-moi" (p. 11). Mais qui peut transformer un simple diagnostic en "verdict," si ce n'est l'instance critique d'un Sur-moi? Quelques pages plus loin, le patient-accusé intériorise l'interprétation-verdict de l'analyste en considérant l'absence de Sur-moi comme la conséquence d'un "Oedipe" mal liquidé et en plaidant les circonstances atténuantes:

> la prompte retraite de mon père m'avait gratifié d'un "Oedipe" fort incomplet: pas de Sur-moi, d'accord, mais point d'agressivité non plus. Ma mère était à moi, personne ne m'en contestait la tranquille possession: j'ignorais la violence et la haine. (p. 17)

Devons-nous souscrire à notre tour à l'apparente soumission du narrateur et voir dans cette interprétation le sens du texte? Un certain gauchissement des notions psychanalytiques utilisées nous met en garde: d'une part le signifiant "Sur-moi" prête à des rêveries métaphoriques impertinentes, voire discrètement inconvenantes dans un contexte aussi châtié et mêlé de références culturelles:

> Eût-il vécu, mon père se fût couché sur moi de tout son long et m'eût écrasé ... au milieu des Enées qui portent sur le dos leurs Anchises, je passe d'une rive à l'autre, seul et détestant ces géniteurs invisibles à cheval sur leurs fils pour toute la vie. (p. 11)

D'autre part, l'absence de Sur-moi, signe d'immaturité et de manque dans la thèse freudienne, devient dans l'élaboration sartrienne source de fierté: elle permet l'affirmation lyrique de la liberté: "jamais le caprice d'un autre ne s'était prétendu ma loi" (p. 17). La fiction autobiographique confirme-t-elle le verdict psychanalytique? Les relations entre les personnages excluent-elles les composantes du complexe d'Oedipe et sa résultante, l'interdit de l'inceste, l'identification au père et la formation du Sur-moi?

L'interdit de l'inceste figure explicitement: le narrateur interprète ses fantasmes d'inceste avec une sœur imaginaire comme "dérivation, camouflage de sentiments interdits" (p. 41), ce qu'on peut traduire par "déplacement, substitut de l'inceste avec la mère." Sans doute les mises en scène des relations entre la mère et le fils sont-elles toutes construites sur le modèle de l'idylle. Mais cette "petite aventure amoureuse et tendre, généralement chaste" manifeste à la fois le désir incestueux et son interdiction. Ainsi mère et fils dorment dans la même chambre, mais dans deux lits jumeaux, et la mère-jeune fille "s'éveille chastement." Quand, au lieu de raconter des histoires à son fils dans une intimité édénique, "loin des hommes, des dieux et des prêtres," la mère entreprend de lui lire un livre donné par son grand-père, la voix du livre se substitue à la sienne et l'expulse de la scène. Quand elle accompagne au piano les rêveries héroïques de son fils, c'est le retour du grand-père qui paralyse brutalement la fantasmagorie. Quand enfin la mère et "son chevalier servant, son petit homme" ne se quittent plus, liés par une de "ces douces amitiés sauvages qui naissent loin des hommes et contre eux," un homme survient qui les effarouche par l'évidence de son désir. Dans tous les cas, l'idylle est interrompue par une présence masculine importune. Seule la première scène semble d'abord échapper à ce schéma, mais c'est pour dramatiser l'intervention du rival: la maladie du père a obligé la mère à mettre l'enfant en nourrice. C'est, selon une interprétation plus kleinienne que freudienne, la frustration fondamentale du sevrage, modèle précoce de la frustration œdipienne, source d'un "ressentiment" définitif: à la mort du rival, l'enfant guérit mais ne pardonne pas à la mère sa trahison: "je reprenais connaissance sur les genoux d'une étrangère" (p. 9).

Les relations avec le père, ou plutôt l'image du père manifestent le rôle structurant de l'Oedipe dans le texte. Car cet orphelin précoce ne manque pas d'instance paternelle. Jusqu'au remariage de sa mère, il dort sous le portrait de son père de naissance, dont on lui rapporte les paroles, et qui lui a dessiné un destin en négatif. Sans doute le narrateur affiche-t-il son indifférence et son innocence face à la mort de son père:

Plus tard je me fusse senti coupable; un orphelin conscient se donne tort: offusqués par sa vue, ses parents se sont retirés dans leurs appartements du ciel. (p. 11)

Mais cette hypothèse se lit comme une dénégation, démentie par la façon dont la mort du père est interprétée: elle ressemble à "une répudiation," il s'est "réfugié dans la mort," il a "filé à l'anglaise," il s'est effectivement retiré dans ses appartements du ciel, et voilà réaffirmée la culpabilité du fils, dont la jalousie précoce a mérité cet abandon.

S'il est vrai que, pour l'inconscient, la mort n'existe pas, un père mort n'est pas bien mort: il peut revenir sous une forme vengeresse et infanticide. D'où une nouvelle dénégation: les récits d'infanticide semblent ne pas le toucher; "mes jours n'étaient pas en danger puisque j'étais orphelin." Mais il craint "Le roi des Aulnes," et le grand-père apparaît parfois comme le substitut terrifiant du père, superlativement paternel puisque patriarche, caricature de Jéhovah ou de Moïse dictant la loi nouvelle. En tout cas, c'est lui qui incarne la Loi aux yeux de l'enfant; c'est lui qui modèle son Sur-moi à partir de perceptions auditives: sa voix, "asséchée, durcie, je la pris pour celle de l'absent qui m'avait donné le jour." Il suscite même chez l'enfant ce que Freud appelle "un Oedipe complet," fait à la fois de rivalité haineuse et d'amour, et dont l'ambivalence se manifeste par "une ample comédie aux cent sketches divers": "le flirt, les malentendus vite dissipés, les taquineries débonnaires, les cachotteries tendres et la passion" (p. 17). Dans cette perspective, le "verdict" de l'analyste s'interprèterait peut-être de la manière suivante: cet "Oedipe complet" n'aurait pas été "résolu." Incapable de s'identifier au père qu'il a tué, au grand-père trop faible que la culpabilité rend pourtant terrifiant, le sujet resterait fixé à une attitude de séduction auprès de l'image paternelle:

Il m'arrive aujourd'hui encore, de me demander . . . si je n'ai pas . . . couvert tant de feuillets de mon encre . . . dans l'unique et fol espoir de plaire à mon grand-père.
(p. 135)

L'écriture serait alors de l'ordre des "gribouillages," que le texte met en équivalence avec "les pâtés" et "les besoins naturels," ces cadeaux désespérés offerts pour rentrer en grâce auprès d'un père offensé. On le constate, le lecteur doit solliciter le texte, en amateur et selon ses moyens, pour interpréter le diagnostic de l'analyste, que le texte cite dans sa concision sans l'expliquer ni le justifier.

Le livre s'achève sur la paraphrase du deuxième diagnostic, rapporté en deux temps:

p. 171: Après avoir lu ce qui précède, un ami me considéra d'un air inquiet: "Vous étiez, me dit-il, encore plus atteint que je n'imaginais." Atteint? Je ne sais trop.

p. 191: Névrose caractérielle, dit un analyste de mes amis. Il a raison: . . . mon mandat est devenu mon caractère; mon délire a quitté ma tête pour se couler dans mes os.

"Je ne sais trop," "il a raison," le texte hésite entre le doute et l'acquiescement, et propose toujours une réponse paradoxale: c'est quand le sujet paraît délivré de son délire qu'il en est le plus gravement atteint. D'autre part, dans son acquiescement même, le narrateur procède à un nouveau détournement de notions psychanalytiques. L'expression de "névrose caractérielle" est prise ici dans son acception la plus vague,[14] mais aussi la plus confortable, et sert à bâtir une conclusion en tourniquet bien sartrien; d'un côté le texte affiche l'autocritique, la désillusion, la conversion, la guérison, de l'autre il maintient la nécessité de l'écriture, comme si tout l'effort d'élucidation n'avait servi qu'à renforcer le système défensif: "on se défait d'une névrose, on ne se guérit pas de soi." Sous leur déférence apparente, les références à la psychanalyse dans *Les Mots* laissent le dernier mot aux interprétations des lecteurs, suggérées, mais non assumées, dans le brouillage et l'ironie défensive: "Allez vous y reconnaître."

3. "Jean sans terre," ou "Je ne suis pas un chef"

L'écrit autobiographique a la particularité de modifier après coup le contrat de lecture des romans antérieurs, d'autoriser, de solliciter et de programmer leur interprétation biographique à partir de tout élément de ressemblance entre les deux récits. Mais, sans référence explicite d'un texte à l'autre, il reste au lecteur à faire tout le travail de déchiffrement et surtout à assumer la responsabilité de l'interprétation, toujours récusable. Le soupçon biographique fait partie du jeu de cache-cache pseudo-analytique instauré avec le lecteur, et peut s'étendre de texte en texte par le biais de l'analogie.

Dans la réalisation de ce travail, aucun texte n'a valeur de référence: l'un a le privilège de l'antériorité, l'autre la garantie de la sincérité. Mais ce ne sont que des variantes d'un troisième texte à jamais perdu, qu'il serait vain de vouloir restituer. On ne peut que dégager entre *Les Mots* et *L'Enfance d'un chef* des relations d'identité, d'équivalence ou de complémentarité et en chercher la signification.

Ce qui autorise la comparaison entre les deux textes, c'est sans doute leur sujet, une enfance bourgeoise au début du XXe siècle, à deux ans près; mais c'est surtout la ressemblance entre deux épisodes originaux et l'inscription en négatif du titre et de l'intrigue de *L'Enfance d'un chef* dans *Les Mots*, qui commandent les grandes lignes d'une étude comparative.

L'élément qui unit les deux textes par une ressemblance irrécusable à force de précision, c'est la robe d'ange qui déguise les deux héros au cours d'une fête donnée par les adultes. Inaugurale dans *L'Enfance d'un chef*, la scène du déguisement complète l'énigme du titre: comment un "ange" au sexe indécis deviendra-t-il un "chef" à la virilité accomplie? Elle associe le commandement à la maturité sexuelle et détermine deux séries d'actions convergentes. Par ailleurs, elle annonce une constante de comportement, l'appropriation par le héros des paroles d'autrui, et un thème, celui de l'universelle comédie. Enfin, elle figure un fantasme de castration, plus "originaire" dans le texte que la "scène primitive" elle-même qui lui succède: "M. Bouffardier attira Lucien entre ses genoux et lui caressa les bras . . . Il n'était plus tout à fait sûr de ne pas être une petite fille." Séduction, castration: une parodie de roman analytique comence, logiquement, par des fantasmes originaires.

Le même épisode figure bien dans *Les Mots*, mais sous la forme réduite d'une anecdote presque insignifiante dans la clôture du texte, en tout cas dépourvue de connotations sexuelles. Mais dans un texte aussi "dégraissé," tout détail est surdéterminé: par son pittoresque, la scène contribue à l'effet humoristique attendu dans des "souvenirs d'enfance," mais elle sert surtout à signaler la valeur autobiographique de *L'Enfance d'un chef* et à garantir la complémentarité des deux récits. Faut-il en déduire que la castration n'est pas figurée dans *Les Mots*? Une telle "lacune," si l'on peut dire, est évidemment impossible dans un texte qui se réfère, si peu que ce soit, à la psychanalyse. Il faut la chercher ailleurs, par exemple dans la scène où le grand-père fait couper les belles anglaises de son petit-fils. L'épisode figure aussi dans *L'Enfance d'un chef*, mais seulement comme point de repère chronologique: "depuis qu'on lui avait coupé ses boucles . . ." Dans la fiction des *Mots*, la scène se situe assez tard, à l'âge de sept ans, et manifeste moins un fantasme de castration que les relations entre le complexe de castration et le complexe d'Oedipe. Elle commence par l'évocation du désir maternel: "elle eût aimé, je pense, que je fusse une fille pour de vrai . . . j'aurais le sexe des anges, indéterminé mais féminin sur les bords " Elle s'achève sur la décision du grand-père et ses effets, qu'on peut commenter ainsi: en refusant à l'enfant l'usage de ses boucles pour satisfaire au désir de sa mère, le substitut paternel fait de lui un homme, "glorieux et tondu," et lui découvre sa laideur, attribut typiquement masculin dans l'imaginaire sartrien. L'intérêt d'une telle analyse réside surtout dans la façon dont elle est programmée dans le texte. Tandis que, dans *L'Enfance d'un chef*, la castration est un fantasme vécu par le héros,— "il n'était plus tout à fait sûr de ne pas être une petite fille"—, c'est bien un complexe dans *Les Mots*, inconscient chez le héros enfant, et présenté par le narrateur à travers la subjectivité des acteurs adultes de cette scène. D'où l'étrange impression que peut ressentir le lecteur des *Mots* et qu'exprime dans le texte un vieil ami du narrateur: "on dirait que vous n'avez pas eu de parents, ni d'enfance": la parole de l'enfant est absente dans *Les Mots*. En reformulant encore d'autres scènes déjà racontées dans *L'Enfance d'un chef*, la visite à l'usine, la découverte des graffitis injurieux, la mort de Dieu, le meurtre de l'insecte, le narrateur accroît la distance qui sépare l'adulte de l'enfance introuvable.

Malgré les analogies entre les deux récits, le titre et l'énoncé de base de *L'Enfance d'un chef* ne figurent dans *Les Mots* que sous forme négative: "Je ne suis pas un chef, ni n'aspire à le devenir" (p. 13), ou conditionnelle:

Un père m'eût lesté de quelques obstinations durables . . . il m'eût habité; ce respectable locataire m'eût donné du respect pour moi-même. Sur le respect j'eusse fondé mon droit de vivre. Mon géniteur eût décidé de mon avenir: polytechnicien de naissance, j'eusse été rassuré pour toujours . . . M'eût-il laissé du bien, mon enfance eût été changée; je n'écrirais pas puisque je serais un autre. (p. 70)

Voilà résumée, sous la forme d'une expérience imaginaire du narrateur, la situation de Lucien, plein de respect pour lui même, conscient d'avoir des droits, centralien, propriétaire. Il est tout ce que Poulou n'est pas: "*Je n'étais pas* consistant ni permanent;

je n'étais pas le continuateur futur de l'œuvre paternelle, *je n'étais pas* nécessaire à la production de l'acier" (p. 71). Toutes les différences entre les deux héros semblent découler de leur situation familiale, du rôle joué par la mort du père dans l'histoire, point d'arrivée dans *L'Enfance d'un chef*, point de départ dans *Les Mots*. Mais, dans une étrange confusion, la situation d'orphelin est liée, comme dans les romans populaires, à la pauvreté: le père est un homme "qui n'a pas fait d'usage": non seulement il est mort prématurément, mais il n'a légué que quelques livres à son fils. Le fait relèverait autant d'une étude sociologique que psychanalytique. Mais les deux explications sont liées dans le texte: la pauvreté du père est ressentie comme une répudiation, qui mérite en retour le refus d'un héritage dérisoire: le fils a vendu les livres.

L'orphelin est donc un déshérité, ce qui, bien sûr, attire la déshérence. Faut-il expliquer ainsi le silence des *Mots* sur la sexualité infantile? Ce n'est pas certain: la description de la sexualité infantile pouvait susciter un petit scandale en 1939; en 1964, ce n'est plus qu'un poncif, et dans la mesure où *Les Mots* renvoie par allusion à *L'Enfance d'un chef*, la redite était inutile. Le silence sur la sexualité dans *Les Mots* ne signifie pas sa négation. Faut-il expliquer de la même façon les limites chronologiques de la fiction dans *Les Mots*? La fin chronologique de cette histoire est difficile à déterminer: elle ne se termine ni sur un événement historique, ni sur un événement scolaire, la déclaration de guerre ou l'entrée en sixième, mais sur un événement affectif qui n'est pas raconté, seulement évoqué, au début du texte, dans une incidente: le remariage de la mère. Pourquoi ce silence sur cet événement et la période qu'il a inaugurée? Par discrétion sans doute, mais plus encore peut-être parce que l'événement et ses conséquences figurent dans un autre récit d'adolescence, celle de Philippe dans *Le Sursis* et *La Mort dans l'âme*. Si un soupçon autobiographique pèse sur ce personnage, c'est par la médiation d'une triple ressemblance, entre Philippe et le personnage de Baudelaire décrit par Sartre, sans doute, mais aussi entre deux scènes de séduction, de Lucien par Bergère et de Philippe par Daniel dans *La Mort dans l'âme*, et entre deux situations: la scène où, dans *Le Sursis*, le Général évoque en présence de sa mère et d'un psychiatre la fugue et le vol de son beau-fils, n'est pas sans rapport avec la situation du sujet dans *Les Mots*, entre la mère aimée, le père vengeur réincarné pour la dernière fois dans le beau-père, et l'autorité analytique. Les lacunes des *Mots* par rapport à *L'Enfance d'un chef* et au texte qui lui est lié s'expliquent surtout par un refus de la redondance.

La réciproque n'est pas vraie. Ce qui manque à Lucien, ce dont l'héritage paternel l'a privé, c'est l'écriture,—il renonce à écrire le Traité du néant qu'il projetait—, et l'une des constantes du récit d'enfance, l'appréhension de la mort. Or ces deux éléments sont associés dans *Les Mots*. Malgré les dénégations du narrateur, le vrai sujet des *Mots*, c'est la mort autant que l'écriture. Le texte contient de nombreux récits de morts, morts réelles de l'oncle, du père, de Gabriel Dupont, de la grand-mère Sartre, de Vévé, Bénard et Bercot; morts anticipées des grands-parents; morts imaginaires des héros dans les livres ou les rêves éveillés, morts des écrivains martyrs, mort du narrateur en écrivain. Le livre est toujours associé à des images de mort, moisissure ou pierre tombale; il fait vivre "à tombeau ouvert." L'écriture est présentée comme un "suicide à la Gribouille," forme de mort qui prévient l'angoisse de la mort. C'est aujourd'hui un lieu commun que de voir dans l'écriture une défense contre l'angoisse de castration. Dans *Les Mots*, le thème est traité avec la magnificence qui convient. Exercice scolaire d'interprétation freudienne, *L'Enfance d'un chef* offre l'exemple d'une écriture à la fois parodique et appliquée, celle d'un fort en thème. Mais l'ultime cadeau destiné à conjurer la castration, c'est celui d'une écriture testamentaire et dorée.

NOTES

1. "Sartre par Sartre," interview pour *New Left, Situations, IX* (Paris: Gallimard, 1972), p. 122.

2. En 1960, Sartre définissait ainsi son public auprès de Madeleine Chapsal: "Des étudiants, des professeurs, des gens qui s'intéressent vraiment à la lecture, qui en ont le vice: cela fait un cercle tout petit." "Les Ecrivains en personne," *Situations, IX*, p. 25. Le "public virtuel" de Sartre a donc au minimum le bagage culturel attribué à Lucien Fleurier dans *L'Enfance d'un chef*.

3. "L'Ecrivain et sa langue," texte recueilli et retranscrit par Pierre Verstraeten en 1965, *Situations, IX*, p. 57.

4. Il s'agit d'appliquer ici un programme de lecture proposé dans *Qu'est-ce que la littérature?*, et fondé sur un relevé des allusions: "On n'a pas assez remarqué, en effet, qu'un ouvrage de l'esprit est naturellement *allusif* . . . Ainsi tous les ouvrages de l'esprit contiennent en eux-mêmes l'image du lecteur auquel ils sont destinés." *Situations, II* (Paris: Gallimard, 1948), pp. 117-19.

5. *La Force de l'âge* (Paris: Gallimard, 1960), p. 134.

6. "Contribution à l'histoire du mouvement psychanalytique," dans *Essais de psychanalyse* (Paris: Payot, 1936), p. 286: "Aucun autre terme institué par la psychanalyse pour ses propres besoins n'a acquis une popularité aussi large et n'a été plus mal appliqué au détriment de la construction de concepts plus précis." L'usage de ce terme dans *L'Enfance d'un chef* est celui du "langage commun": "Le terme de complexe a rencontré une grande faveur dans le langage commun ('avoir des complexes,' etc.). A l'inverse, il a connu une désaffection progressive chez les psychanalystes." J. Laplanche et J.B. Pontalis, *Vocabulaire de la psychanalyse* (Paris: Presses Universitaires de France, 1967), p. 72.

7. "Les Transpositions de la pulsion et, en particulier, de l'érotisme anal," traduit dans la *Revue Française de Psychanalyse* en 1928.

8. *La Force de l'âge*, p. 133.

9. "Sartre par Sartre," *Situations, IX*, p. 104.

10. *Genèse et critique d'une autobiographie: Les Mots de Jean-Paul Sartre*, Archives des Lettres Modernes, 144 (Paris: Minard, 1973), pp. 11-13.

11. *Introduction à la psychanalyse* (Paris: Payot, 1936), p. 295.

12. *Cinq Psychanalyses* (Paris: Presses Universitaires de France, 1967), pp. 306-07.

13. "L'Homme au magnétophone," *Situations, IX*, p. 337.

14. "Type de névrose où le conflit défensif ne se traduit pas par la formation de symptômes nettement isolables, mais par des traits de caractère, des modes de comportement, voire une organisation pathologique de l'ensemble de la personnalité." Laplanche et Pontalis, *Vocabulaire de la psychanalyse*, pp. 275-76.

Serge Doubrovsky

Phallotexte et gynotexte dans *La Nausée*:
"Feuillet sans date"

Le sexe de l'écriture

"Longtemps j'ai pris ma plume pour une épée": cette célèbre déclaration de Sartre, à la fin des *Mots*, aussitôt corrigée ("à présent je connais notre impuissance," p. 211), a dans son contexte un sens idéologique; le choix même du vocabulaire nous invite à y lire concurremment un sens sexuel. Longtemps—et ce temps recouvre toute la période de sa production littéraire—, l'écrivain avoue avoir mis spontanément son entreprise sous le signe de la puissance phallique. En quoi il n'est évidemment pas le seul; son fantasme est, comme le bon sens, la chose du monde la mieux partagée, par les écrivains de sexe mâle et, quelquefois aussi, de l'autre. Or, ce qui est beaucoup plus intéressant que ce phallocentrisme ou phallogocentrisme, même reniés, c'est que, lorsqu'il s'agit du double ou de l'alter ego, Gustave, la clairvoyance de Sartre lui permet de déceler, en de remarquables analyses, l'inscription profonde du désir flaubertien d'écrire dans une secrète féminité: "Si Gustave veut être femme, c'est que sa sexualité, partiellement féminine, réclame un changement de sexe qui lui permettrait un plein développement de ses ressources" (*L'Idiot de la famille*, I, p. 685). Cette féminité partielle, qui cherche à se compléter dans les jeux du fantasme, voire par certaines conduites de passage à l'acte, n'est nullement propre à Flaubert, si l'on admet que sexualité veut fondamentalement dire bisexualité. Ce qui est particulier à Flaubert est qu'il laisse affleurer et travailler en lui une tendance en général soigneusement refoulée chez les autres hommes, au point que, dans un de ses derniers textes, "Analyse terminée et analyse interminable," Freud a pu voir, en ce "rejet de la féminité," chez l'homme, parallèle au *Penisneid* de la femme, une résistance quasi insurmontable du sujet sexué. Comme tout projet humain, l'acte d'écrire se situe, au niveau du désir qui le meut, dans le champ de la sexualité; c'est-à-dire qu'il s'inscrit d'entrée de jeu au lieu même du *conflit* qui oppose le sexe avouable et le sexe interdit. J'ai montré, dans un texte précédent, "Le *neuf de cœur*: Fragment d'une psycholecture de *La Nausée*" (communication au congrès de la Modern Language Association, San Francisco, décembre 1975, publiée en français dans *Obliques*, Nos. 18-19, 1979), que ce que Sartre voyait parfaitement en Flaubert était cela même qu'il (se) dissimulait dans *La Nausée*, les étapes successives de l'expérience nauséeuse étant portées par le mouvement d'un désir/dégoût, chez Roquentin, de la transformation imaginaire de son sexe en sexe femelle: expérience psycho-sexuelle qui sous-tend l'expérience ontologique et la gouverne, sans que pour autant, je m'empresse d'ajouter, cette dernière lui soit réductible. J'ai eu le plaisir de voir, en juin 1979, au cours d'un entretien que Sartre m'a fait l'honneur de m'accorder, qu'il admettait à l'heure actuelle le principe de cette interprétation par la "crise bi-sexuelle" du personnage/narrateur, crise dont il m'a dit n'avoir pas eu du tout conscience en écrivant *La Nausée*, mais dont il s'était lui-même aperçu dans une relecture récente. Mon propos sera donc moins de déceler ici l'articulation fantasmatique du texte, que je tiens personnellement pour acquise, que d'en suivre certains réseaux. Je voudrais essayer de repérer, non dans les structures narratives, mais *dans la production textuelle elle-même*, l'inscription du processus inconscient, le travail, *dans l'écriture*, de la dynamique pulsionnelle. S'il est vrai que l'écriture, tout autant que la parole, le regard ou la caresse, est, dans une de ses dimensions fondamentales, un geste sexuel, il faudra nous demander comment fonctionne la sexualité du texte, ce que l'on pourrait appeler sa *sextualité*.

Question de méthode

J'adopterai la méthode précédemment utilisée dans ma communication sur le "neuf de cœur." Un détail, ou un fragment, prélevés sur la masse du roman (pourquoi la partie de cartes à la fin de la première grande scène de "nausée" au "Rendez-vous des Cheminots" se conclut par l'exclamation: "Ah! c'est le neuf de cœur"), permet, en établissant, à partir d'un point nodal, un réseau précis de recoupements, d'instituer une ligne générale d'interprétation, que l'on peut ensuite étendre à d'autres zones textuelles, et modifier, le cas échéant. (Ce système d'aller-retour permanent d'un point du texte à tous les autres par une libre association critique, je le nommerai *divagation*.) Pour les commodités de l'exposé, j'ai choisi comme point de départ celui-là même de *La Nausée*: le passage liminaire, que l'auteur a séparé du reste du "Journal," lui a mis en préface, prélude ou exergue, qu'il a coupé, de toute façon, du corps du récit. "Petit texte détachable," pourrait-on dire de ce *Feuillet sans date*, en laissant résonner en nous les échos de la formule. Selon une tout autre écoute, la critique a déjà été attentive à l'importance de ce hors-texte qui a, toute proportion gardée, la même valeur pour *La Nausée* que l'ouverture insomniaque de Combray pour la *Recherche*. Suivant Geneviève Idt (et c'est aussi, d'après ce que j'ai pu comprendre, l'interprétation de Sartre lui-même), ce "feuillet" renvoie à l'inachèvement de l'œuvre—marque d'un genre littéraire, le "roman inachevé," pour l'une; plutôt indice du processus même de l'écriture, pour l'autre. Dans une analyse plus fouillée, Georges Raillard (*La Nausée de J.-P. Sartre*, p. 44) souligne que "le feuillet sans date fournit la matière du livre entier: thème, mode de la recherche, sa critique." Et de conclure: "C'est déjà l'ébauche d'un roman, de notre roman qui est une série de variations opérées sur ces cellules de base" (p. 46).

On ne saurait mettre mieux en évidence la valeur matricielle du texte. Toutefois, les remarques précédentes (qui ne constituent naturellement pas une liste exhaustive des commentaires, simplement un échantillonnage pertinent) se placent toutes au plan de la *signification*. Or, celle-ci est de l'ordre du secondaire, non du primaire, selon les critères que l'on applique aux processus de pensée. Les divers sens (thématiques, littéraires, philosophiques, etc.) sont dérivés par rapport au travail de production interne du texte, travail de la langue où les "modèles ne sont pas les mêmes entre ce qui parle en surface le sens et ce qui l'opère en épaisseur" (O. Ducrot et T. Todorov, *Dictionnaire encyclopédique des sciences du langage*, p. 445). Tel est bien le domaine désormais admis de la *signifiance*.

La scène de l'écriture

Certes, selon la technique de montage quasi parodique qui caractérise *La Nausée*, le début du livre se scinde aussitôt en divers registres: l' "Avertissement des éditeurs" (romans du XVIIIe), "Feuillet sans date" (journal inachevé), démarrage du "Journal" (description naturaliste). Excellentes remarques de Geneviève Idt, qui se complètent de celles de Georges Raillard: ce qui se définit dès l'ouverture est moins la nature d'un "projet existentiel" que le statut d'une fiction. L'analyse s'attache ici au discours *de* Sartre. Une approche psychanalytique s'intéressera davantage au discours *en* Sartre. Or, ce qui obsède et fascine ce discours, c'est de s'appréhender d'emblée par son *envers matériel*. A travers les "genres" multiples où la virtuosité polytextuelle s'ébroue, une même insistance nous frappe, une même obsession se répète:

Ces *cahiers* ont été trouvés parmi les *papiers* d'Antoine Roquentin . . . La première *page* n'est pas datée . . . (*Avertissement*)

Par exemple, voici un *étui de carton* qui contient ma *bouteille d'encre* . . . Je ne vais pas m'amuser à mettre tout cela sur le *papier* . . . Je renonce à écrire mes impressions . . . dans un beau *cahier* neuf. (*Feuillet sans date*)

Je n'ai pas pu ramasser le *papier*, c'est tout . . . Je me suis approché, c'était une *page* réglée . . . (*Journal*, début, pp. 23-24)

Phénoménologiquement, cette matérialité pesante de l'écriture s'oppose au flou d'une pensée intérieure à peine verbalisée :

Je ne me soucie même pas de chercher des mots. Ça coule en moi, plus ou moins vite, je ne fixe rien, je laisse aller. La plupart du temps, faute de s'attacher à des mots, mes pensées restent des brouillards. Elles dessinent des formes vagues et plaisantes, s'engloutissent: aussitôt, je les oublie. (p. 19)

Notons que le "plaisant" est du côté des "formes vagues," ce qui "coule," ce qui n'est pas "fixé,"—du côté de l'oubli, non de l'*inscription*. Pour inscrire, il manque, en effet, dans cette curieuse mise en scène de l'écriture, un instrument essentiel, *plume* ou *stylo*, qui n'apparaîtront dans le texte qu'à la page 137, et encore de bien bizarre façon: "Un immense écœurement m'envahit soudain et la plume me tomba des doigts en crachant de l'encre." Cette *plume* qui "tombe des doigts" dans l'écœurement n'est pas sans évoquer cette *tête* ("toute molle, élastique . . . si je la tourne, je vais la laisser tomber") dans l'étourdissement nauséeux du café. Si Freud a pu définir l'écriture comme geste "consistant à laisser couler un liquide d'un tube sur une feuille de papier blanc," remarque plus retorse qu'il n'y paraît, d'associer les espèces ennemies du solide et du liquide, dans le même acte, où donc est passé, le "tube" de Roquentin? Peut-être dans la *pipe, fourchette* et autre *loquet* où s'alimente sa phobie, aux premières lignes du *Journal*? Il est sans doute temps de nous interroger, avec Roquentin, sur les mécanismes de sa phobie/folie.

Papa maman la castration

Nous y voilà. Une fois de plus. Si l'on entre chez le psychiatre, on est vite renvoyé, sur ce chapitre, au psychanalyste. Le *Manuel alphabétique de psychiatrie* d'A. Porot s'empresse de citer H. Nunberg: "la phobie serait une forme remaniée et élaborée de la névrose d'angoisse: l'angoisse primitivement liée à un danger interne, à une pulsion refoulée, serait déplacée pour se fixer sur un objet externe substitutif . . . le contenu sexuel des phobies apparaît souvent de façon évidente." On connaît la suite: sexualité infantile, masturbation, menace et peur de castration. Papa, maman, la . . . Agaçante ritournelle. On comprend la révolte devant ce prêt-à-porter théorique dont on affuble d'avance la nudité des gestes humains. Il faut pourtant se résigner; il y aura toujours de la castration dans une lecture analytique, comme on trouvera de la lutte des classes dans une explication marxiste. Je propose, au contraire, pour notre divertissement, et peut-être notre instruction, de jouer le jeu castrophile jusqu'au bout et de quitter momentanément ce "journal d'un fou" pour un bref voyage au royaume de la clinique où l'on prétend thésauriser les symptômes de la folie. Pour ce faire, je ne vois pas de meilleur guide que le bon Fenichel et sa monumentale somme assommante, *The Psychoanalytic Theory of Neurosis*, manuel, aujourd'hui dédaigné, du parfait analyste, aux jours déjà lointains (1945) où l'analyste, pas encore promu au rang de métapsychologue-général ou de métaphysicien-chef, se contentait d'être troufion de la thérapeutique, cependant que des patients à mentalité de primates venaient dépenser temps et argent pour "guérir" de quelque chose. "Nous avons changé tout cela," diraient nos doctes mires d'à présent. Mais Roquentin, lui, le "lundi 29 janvier 1932," ne prend pas sa "petite crise de folie" (p. 12) pour une révélation céleste, ce n'est pas un schizo-illuminé. Il note: "C'est venu à la façon d'une maladie" (p. 15). Et puisque maladie il y a et que, d'autre part, il n'est point de pire malade que celui qui prétend guérir tout seul ("Je vais me coucher. Je suis guéri," p. 13), tournons-nous vers Fenichel, ouvrons son Larousse médical, potassons l'hystérie d'angoisse, chapitre XI.

Roquentin avec Fenichel

Nous sommes prévenus dès l'entrée: "ce qu'une personne craint, c'est ce qu'elle souhaite inconsciemment" (*The Psychoanalytic Theory of Neurosis*, p. 196, traduit par nous). En conséquence, la situation redoutée a, pour le patient, un double sens: tentation (pour une tendance refoulée) ou punition (pour une pulsion inconsciente) ou une combinaison des deux. Ainsi, ce que les patients souffrant d'hystérie d'angoisse craignent "représente souvent un substitut de l'*idée de castration*" (p. 197). Nous y revoilà donc. Comment de telles banalités s'appliqueraient-elles à notre expérimentateur ès affres ontologiques? A vrai dire, dans le crâne de l'Autodidacte, on trouve bien, entre autres joyeusetés, "des Samoyèdes, des Nyams-Nyams . . . père et fille, frère et sœur, se mutilent, se châtrent . . ." (p. 56). Mais c'est l'Autodidacte. Auquel, malgré tout, Roquentin aura l'envie subite d' "enfoncer ce couteau à fromage dans l'œil" (p. 173). Impulsion qui, dans la chaîne narrative, se situe juste avant la scène finale de Nausée devant la racine de marronnier, que l'on concédera légèrement phallomorphe: "L'écorce, noire et boursouflée, semblait de cuir bouilli" (p. 180). En face de cette racine dont les qualités sont "de trop," on se souvient de la réaction: "Je raclai mon talon contre cette griffe noire: j'aurais voulu l'écorcher un peu" (p. 183). Beaucoup, passionnément: "Noire? J'ai senti le mot qui se dégonflait, qui se vidait de son sens avec une rapidité extraordinaire" (ibid.). On ne sera pas étonné si, à la fin, on assiste à un affalement général: "à chaque instant, je m'attendais à voir les troncs se rider comme des verges lasses" (p. 188). Du temps des grandes bagarres viriles ("j'ai eu des femmes, je me suis battu avec des types," p. 41), le lecteur se rappelle soudain un souvenir de Roquentin, qu'il donne d'ailleurs à demi pour un fantasme: "un Marocain sauta sur moi et voulut me frapper d'un grand canif. Mais je lui lançai un coup de poing qui l'atteignit au-dessous de la tempe . . ." (p. 59). Naturellement, ce n'était ni à Rabat ni à Fez, mais à *Meknès*: il ne faut rien moins qu'un tel affrontement pour qu'un *mec naisse* . . . Mais si le "mec," selon notre analyse, désire devenir "nana" (ce qu'il craint et ce qu'il souhaite à la fois, ce qui le tente et ce pourquoi il se punit), —on admirera la sûreté symptomatique du passage à l'acte, accomplissement de désir et autopunition simultanés, qui précède une autre grande scène "nauséeuse": "Mon canif est sur la table. Je l'ouvre. Pourquoi pas? De toute façon, ça changerait un peu. [D'être un homme sans doute?] Je pose ma main gauche sur le bloc-notes et je m'envoie un bon coup de couteau dans la paume" (p. 143). *What anxiety hysterics fear often represents substitutes of the idea of castration.* Pauvre Fenichel! Oui, mais quand même . . .

Si l'on poursuit la description nosographique, on trouve cette perle: "La simultanéité de la punition et de la tentation, en règle générale, est aussi à la base d'une crainte fréquente de 'devenir fou.' En ce qui concerne cette crainte, on doit se souvenir qu'elle peut être justifiée. Le principe qu'une personne qui a peur de la folie ne saurait devenir folle est inexact" (Fenichel, p. 197).

<small>Ce qu'il y a de curieux, c'est que je ne suis pas du tout disposé à me croire fou, je vois même avec évidence que je ne le suis pas: tous ces changements concernent les objets. Au moins c'est ce dont je voudrais être sûr. (p. 12)</small>

"Quelquefois, l'idée de folie a, inconsciemment, une signification plus spécifique. L'expérience a pu établir l'équation *tête=pénis* et par conséquent *folie=castration*" (Fenichel, p. 197).

<small>J'ai un ressort de cassé: je peux mouvoir les yeux mais pas la tête. La tête est toute molle, élastique, on dirait qu'elle est juste posée sur mon cou; si je la tourne, je vais la laisser tomber. (p. 35)</small>

Quelquefois, la peur de la castration se dissimule sous une régression, qui lui substitue "une peur archaïque et autonome," fantaisie dévoratoire ou encore, dans les phobies du toucher, "tendance à éviter la saleté," défense contre "les tentations anales-érotiques du patient" (Fenichel, p. 200).

<small>Le galet était plat, sec sur tout un côté, humide et boueux sur l'autre. Je le tenais par les bords, avec les doigts très écartés, pour éviter de me salir. (p. 12)</small>

<small>J'aime beaucoup ramasser les marrons, les vieilles loques, surtout les papiers . . . pour un peu je les porterais à ma bouche, comme font les enfants. Anny entrait dans des colères blanches quand je soulevais par un coin des papiers lourds et somptueux, mais probablement salis de merde . . . Donc, aujourd'hui . . . je me suis baissé, je me réjouissais déjà de toucher cette pâte tendre et fraîche . . . je n'ai pas pu. (pp. 23-24)</small>

Dans la mesure où "souvent les sensations d'équilibre sont devenues les représentants de la sexualité infantile en général," on s'aperçoit que bien des craintes phobiques "concernent directement les sensations d'équilibre" (Fenichel, p. 202). Des angoisses devant des "sensations spatiales," résultant du refoulement d'un plaisir ancien, de nature généralement masturbatoire, forment souvent le noyau de l'hystérie d'angoisse, "fantasmes qui impliquent la situation du corps dans l'espace, des changements dans la taille du corps ou de certaines parties du corps . . . ou des sensations encore plus vagues: 'Il y a quelque chose qui tourne' " (Fenichel, pp. 202-03).

<small>Ce qui me réveille brusquement, c'est que je perds l'équilibre. Je me retrouve à califourchon sur une chaise, encore tout étourdi. Est-ce que les autres hommes ont autant de peine à juger de leur visage?

Je m'endors les yeux ouverts, déjà le visage grandit, grandit dans la glace, c'est un immense halo pâle qui glisse dans la lumière . . .

j'étais entouré, saisi par un lent tourbillon coloré, un tourbillon de brouillard, de lumières dans la fumée . . . je voyais tourner lentement les couleurs autour de moi . . .
(pp. 33-35)</small>

Pauvre Fenichel! Oui, mais quand même . . . Comme il n'est pas de phobie sans défenses contraphobiques, la principale consiste à "retourner la passivité en activité dans la lutte contre l'angoisse" (Fenichel, p. 481), à rechercher ce qui est craint, "de la même façon qu'un enfant éprouve avec plaisir dans son jeu ce dont il a peur dans la réalité" (p. 480). A titre de variante, "l'activité du patient, qui supplante la passivité, n'est pas réelle, mais simulée. Le but du patient est de feindre que ce qui lui arrive était voulu par lui. Cela peut s'observer fréquemment dans le comportement des enfants. C'est aussi le principal mécanisme de certains caractères névrotiques qui voudraient être des 'acteurs de la réalité.' Ils font semblant de croire ou ils croient effectivement qu'ils sont la cause active de ce qui leur arrive en fait" (pp. 481-82).

<small>Ce sentiment d'aventure ne vient décidément pas des événements: la preuve en est faite. C'est plutôt la façon dont les instants s'enchaînent . . . Anny faisait rendre au temps tout ce qu'il pouvait . . . Cette fois-là, nous nous quittions pour trois mois. A un moment, on projeta sur l'écran une image toute blanche, l'obscurité s'adoucit et je vis qu'Anny pleurait. Puis, à minuit, elle lâcha ma main, après l'avoir serrée violemment; je me levai et je partis sans lui dire un seul mot. C'était du travail bien fait.
(pp. 85-86)</small>

"Que ne peut l'artifice et le fard du langage?" s'exclamait l'Alidor de Corneille dans *La Place Royale*. Le lieu privilégié du retournement imaginaire, du renversement spontané, c'est bien le langage. "On peut ranger parmi une autre grande classe de phénomènes contraphobiques certaines œuvres d'art où l'artiste, en une incessante tentative pour se débarrasser de son angoisse, recherche et décrit cela même qu'il redoute afin de parvenir à une maîtrise différée" (Fenichel, p. 485).

Le mieux serait d'écrire les événements au jour le jour. Tenir un journal pour y voir clair. Ne pas laisser échapper les nuances, les petits faits, même s'ils n'ont l'air de rien et surtout les classer ... (p. 11)

Nous voici de retour au début du *Feuillet sans date*. Pauvre Fenichel! Oui, mais quand même ...

Semonces, sermon

Ce petit voyage au pays de la clinique aura eu son utilité, s'il dissipe quelques relents d'idéalisme. A Roquentin, qui se vante: "Moi, je vis seul, entièrement seul" (p. 19), ce qui n'est pas sans évoquer telle maxime du jeune Sartre ("Un contre tous: c'était ma règle," *Les Mots*, p. 122), il est rappelé sans ménagement que l'unique rentre dans le statistique et l'ineffable subjectif dans la nomenclature des "cas." Au Sartre-Roquentin de *La Nausée* ("*J'étais* Roquentin, je montrais en lui, sans complaisance, la trame de ma vie; en même temps, j'étais, *moi*, l'élu, annaliste des enfers," *Les Mots*, p. 210), comme à Sartre tout court, en particulier l'autobiographe des *Mots*, il est rappelé opportunément qu'il manque aux dits "enfers" roquento-sartriens une essentielle dimension, par ailleurs minutieusement étudiée quand il s'agit de Genet ou de Flaubert, la sexualité, et qu'il n'y a aucune explication idéologico-politique d'une "névrose," y compris la sienne, qui n'ait, *d'abord*, un fondement sexuel. Aux critiques qui s'embarquent instantanément pour la Cythère théorique du journal comme fiction ou de la littérature comme genres, il est rappelé incisivement qu'un projet scriptural commence par être ou est en soi un projet existentiel, et qu'il n'est d'existence que sexuée. A certains psychanalystes en mal de littérarité, il est non moins pertinemment rappelé que le sexe n'est pas un ballet de signifiants, hors corps et hors libido, au royaume du symbolique, mais chair désirante ou délirante dont le langage est le symptôme, langage du symptôme dont un Fenichel nous offre l'indigeste et nécessaire grammaire. Ce rappel à l'ordre général est rappel à une élémentaire modestie, ou à la modestie de l'élémentaire. Le passage par la clinique est, en fait, une leçon d'éthique. Le critique, autant que les autres, est forcé de l'assumer. Nous quitterons, toutefois, Fenichel là où la psychanalyse s'arrête, au seuil propre de *l'écrit*, où ce périple à travers l'hystérie d'angoisse nous ramène.

Une sorte de nausée dans les mains

Sa phobie, Roquentin l'éprouve de façon très particulière: dans la mise en scène de l'acte d'écrire où manque une plume. Mais où très vite apparaît la *main*. Au terme de ses expériences pathologiques initiales, Roquentin établit son premier bilan diagnostique: "Oui, c'est cela, c'est bien cela: une sorte de nausée dans les mains" (p. 24). De fait, il y a, chez cet hyper-intellectuel, une prodigieuse obsession manuelle: "dans mes mains, par exemple, il y a quelque chose . . . je sentais dans ma main un objet froid . . . et puis il y avait sa main . . ." (pp. 15-16). Une étude d'ensemble montrerait le rôle et la présence obsessionnelle de la "main" à chaque étape significative de la Nausée, jusques et y compris, bien sûr, la scène du coup de couteau dans la paume, où l'organe préhensile, symbole même de l'activité humaine (mâle), s'abandonne à une passivité de la chair (ressentie comme posture femelle):

Je vois ma main, qui s'épanouit sur la table. Elle vit—c'est moi. Elle s'ouvre, les doigts se déploient et pointent. Elle est sur le dos. Elle me montre son ventre gras. Elle a l'air d'une bête à la renverse. (p. 141)

Féminisation du corps propre masculin, qui se complétera d'un saignement opportun:

Le geste était trop nerveux; la lame a glissé, la blessure est superficielle. Ça saigne. Et puis après? Qu'est-ce qu'il y a de changé? Tout de même, je regarde avec satisfaction, sur la feuille blanche, en travers des lignes que j'ai tracées tout à l'heure, cette petite mare de sang . . . Quatre lignes sur une feuille blanche, une tache de sang, c'est ça qui fait un beau souvenir. (p. 143)

Ladite "nausée dans les mains" ne livre pas dans l'écriture un de ces gestes *substitutifs*, dont est friande l'analyse. C'est plutôt tout l'ensemble des gestes de substitution qui se (re)jouent *hic et nunc* dans l'écriture, comme le présent de la parole, en séance, est la seule réalité des désirs passés, sans qu'on dise, autant que je sache, que la parole y est un ersatz. Le lieu précis où se joue le fantasme sexuel est l'écriture même, et si le désir/dégoût de Roquentin vise la *transsexualité*, il la donne d'emblée comme *transtextualité*: petite mare de sang *en travers* des lignes tracées. Ce qui se met ainsi à la traverse de la plume-épée, du projet d'écrire le livre sur M. de Rollebon, éminent phallocrate s'il en fut, c'est la féminité secrète de l'écriture, longtemps contenue, retenue, peu à peu acceptée, sous la dénégation ironique, maîtresse du jeu dans l'apothéose de la Nausée, puis de nouveau refusée, refoulée, dans le projet futur d'écrire une histoire "belle et dure comme de l'acier" (p. 247). Roquentin et Sartre philosophe (mais pas l'écrivain) partagent l'illusion de Fenichel qui voit dans l'art une "défense" contraphobique, alors qu'il est le terrain même de l'attaque. Il y a en effet, pour Roquentin, une vocation *thérapeutique* de l'écriture, sans cesse affirmée:

Je suis guéri, je renonce à écrire . . . (p. 13)

Ecrit quatre pages. Ensuite, un long moment de bonheur. (p. 104)

j'avais appris sur l'existence tout ce que je pouvais savoir. Je suis parti, je suis rentré à l'hôtel, et voilà, j'ai écrit. (p. 190)

je crois que je vais avoir la Nausée et j'ai l'impression de la retarder en écrivant. Alors j'écris ce qui me passe par la tête. (p. 241)

Le geste scriptural est saisi comme remède à la "folie," contre-mesure à la progression de la "nausée," dont il subit les fluctuations et s'assure ultimement la maîtrise. La vérité est tout autre: "*La vérité, c'est que je ne peux pas lâcher ma plume*" (p. 241). En effet, il n'interrompt son livre sur Rollebon que pour tenir son journal, et le journal n'arrive à son terme qu'en annonçant le "roman" futur. Roquentin ne se fait pas écrivain pour guérir de sa maladie; sa maladie est d'emblée *celle d'un écrivain*, d'un bout à l'autre et de part en part. Qui plus est, d'un écrivain *rationaliste*, adepte de cette clarté bien française, depuis le début ("Tenir un journal pour y voir *clair*") jusqu'à la fin ("il viendrait bien un moment où le livre serait écrit . . . et je pense qu'un peu de sa *clarté* tomberait sur mon passé"), pas si éloigné, somme toute, du Sartre qui, vers la même époque, déclarait à l'encontre de Brice Parain: "le langage peut me résister, m'égarer, mais je n'en serai jamais dupe que si je le veux" (*Situations, I*, Idées, p. 287). Or, la "maladie" de Roquentin ne passe qu'accessoirement, ou *substitutivement*, par une série "objectale," qu'il nous détaille par le menu (galet, papier merdeux, pipe, fourchette, loquet, verre de bière, café des Cheminots, racine de marronnier, etc. etc.); plus exactement, sa nausée s'y *déplace*, jusqu'au crescendo final, le long d'une chaîne signifiante dont le déplacement même a pour fonction de voiler l'origine:

<blockquote>Un immense écœurement m'envahit soudain et la plume me tomba des doigts en crachant de l'encre. Qu'est-ce qui s'était passé? Avais-je la Nausée? Non, ce n'était pas cela ... (p. 137)</blockquote>

Si la dénégation a sa valeur usuelle d'aveu, si la nausée refoulée est originairement celle de l'encre, on ne sera pas étonné que le *premier objet* nauséeux, tellement évident qu'il passe presque inaperçu, n'est pas le galet, mais *l'encrier*:

<blockquote>Il faut déterminer exactement l'étendue et la nature de ce changement. Par exemple, voici un étui de carton qui contient ma bouteille d'encre. (p. 11)</blockquote>

La bouteille d'encre, c'est ici la bouteille à l'encre. Ce qui nous ramène à notre *Feuillet sans date*, mais nous projette aussi à travers tout le livre.

La scène de l'écriture: L'encrier

Sur le plan de l'énonciation, il n'est aucune expérience antérieure à l'acte d'écrire. Et c'est bien le présent même de l'écriture qui se désigne d'entrée de jeu comme la scène d'un indéfinissable, mais profond "changement." "Il faut dire comment je vois cette table, la rue, les gens, mon paquet de tabac, puisque c'est *cela* qui a changé." Admirable ambiguïté: *cela*, c'est quoi? La table, la rue, les gens, ou *dire*? Le problème, c'est qu'écrire, n'est pas un verbe intransitif; en tout cas, certainement pas dans la perspective d'un projet autobiographique. On ne saurait dissocier l'écriture de l'objet—fût-il imaginaire—qu'elle vise. Ecrire, c'est écrire *quelque chose*; c'est écrire *sur*. "Le mieux serait d'écrire *les événements* au jour le jour. Naturellement, je ne peux rien écrire de net *sur* ces histoires de samedi et d'avant-hier." En style sartrien, le langage se dépasse vers la référence, comme la conscience se transcende vers le monde. "Ce qui se conçoit bien s'énonce clairement": si l'énonciation se brouille, c'est que l'énoncé devient opaque: "ce qui s'est passé en moi n'a pas laissé de traces claires." Dès lors, comment "tenir un journal pour y voir clair"? Le projet scriptural est inséparable de l'expérience qu'il s'efforce de capter et de clarifier. Pour la "clarté" de notre propre exposé, nous partirons donc de l'*énoncé*, bien qu'en fait et en droit, il soit indissociable, je le répète, du processus d'énonciation, mieux, que ce soit ce processus même qui fasse l'objet de l'expérience liminaire. Donc la "bouteille d'encre" n'est pas (du moins le croit le narrateur) le lieu direct où s'éprouve l' "inquiétante étrangeté," l'*Unheimlich* qui frappe soudain les objets les plus familiers ("cette table, la rue, les gens, mon paquet de tabac"). En soi, l'étui de carton est "un parallélipipède rectangle," "il se détache sur," "il n'y a rien à en dire": on saisit ici par anticipation le futur récit robbe-grilletien comme mécanisme de défense, refus de faire sortir du merveilleux ou de l'étrange de cet encrier, qui n'est, en bonne logique cartésienne, que de l'étendue. Simplement, l'encrier est un objet particulier en tant qu'il réactive des expériences antérieures:

il est certain que je peux, d'un moment à l'autre—et précisément à propos de cet étui ou de n'importe quel autre objet—retrouver cette impression d'avant-hier.

Précisément-n'importe lequel: là encore, la dénégation (bien naturelle en ce premier temps de l'affection) s'efforce de reprendre ce qu'elle livre. Quelle est *ici* l'impression que l'usage de l'encrier permet justement de "retrouver" dans la première entrée de ce journal?

Galet/gamins

Contiguë à l' "encrier" et lui faisant suite, c'est la fameuse scène du galet, où Roquentin subit sa première "nausée." De cet objet à double face, "plat, sec sur tout un côté, humide et boueux sur l'autre," on a à peu près tout dit, sauf l'essentiel: à savoir qu'il est le support symbolique de la bisexualité, dont les postulations contraires vont déclencher et gouverner les affres de Roquentin. Que le "sec," le "froid," le "dur," le "pur" et à l'inverse, l' "humide," le "boueux," le "mou," le "gras," etc. articulent les fantasmes de masculinité et de féminité dans l'imaginaire sartrien, ce n'est plus à démontrer. L'important et, ici, le pathogène, c'est que ces qualités antithétiques soient réunies *dans le même objet*. Il m'est impossible de suivre les réseaux fantasmatiques qui s'élaborent à partir de cette expérience initiale et qui donnent à La Nausée sa trame thématique, si riche et, en son foisonnement apparent, si rigoureuse. Je me bornerai à faire remarquer ce qui rabat l'expérience du galet sur l'expérience de l'écriture, ce qui les *met en équation*.

L'homotexte

Samedi les gamins jouaient aux ricochets et je voulais lancer comme eux un caillou dans la mer. A ce moment-là, je me suis arrêté, j'ai laissé tomber le caillou et je suis parti. Je devais avoir l'air égaré, probablement, puisque les gamins ont ri derrière mon dos . . . Il y avait quelque chose que j'ai vu et qui m'a dégoûté, mais je ne sais plus si je regardais la mer ou le galet. (p. 12)

Et si Roquentin ne se souvenait plus d'avoir regardé la mer ou le galet, parce qu'il regardait les *gamins*? Et si l'objet (refoulé) du désir se livrait par métonymie, glissait du "galet" aux gamins? Non seulement sur le plan de la signification, mais de la signifiance, la "nausée des mains" traverse évidemment les "gamins," c'est-à-dire la *main* des *gars*. Comme l'expérience du "galet" se rassure de trouver les *gars laids*. Seulement, voilà un curieux souvenir qui surgit quelques pages plus loin:

Quand j'avais huit ans et que je jouais au Luxembourg, il y en avait un qui venait s'asseoir dans une guérite . . . Le gardien a dit à mon oncle que c'était un ancien censeur . . . Nous en avions une peur horrible parce que nous sentions qu'il était seul. Un jour il a souri à Robert, en lui tendant les bras de loin: Robert a failli s'évanouir . . . nous sentions qu'il formait dans sa tête des pensées de crabe ou de langouste.
(p. 22)

Mains masculines devenues *bras* qui se tendent vers l'objet d'un désir horrible et censuré par la "folie" (on admirera que cet ancien fonctionnaire soit "censeur," plutôt que "proviseur"): on voit ici clairement la nature de ces "pensées de crabe ou de langouste," obsessionnellement sartriennes, symbole certes de l'inconscient, mais de certaines tendances, comme on dit, très particulières. De solitaire à solitaire (serait-ce qu'il est des compagnonnages prohibés?), l'identification de Roquentin est frappante et se livre sans ambages:

> Est-ce donc ça qui m'attend? Pour la première fois cela m'ennuie d'être seul. Je voudrais parler à quelqu'un de ce qui m'arrive avant qu'il ne soit trop tard, *avant que je ne fasse peur aux petits garçons.* (p. 22)

Pour l'heure, il fait simplement rire ("je devais avoir l'air égaré, probablement, puisque les gamins ont ri derrière mon dos"). Son trouble, plus discret que celui du censeur, n'en est pas moins lisible (risible) pour ses destinataires. Le sens ultime de ces gamineries se révèle deux cents pages plus loin, lorsque le comique se renverse en tragédie:

> L'Autodidacte avait repris ses chuchotements . . . A un moment j'entendis son rire, un petit rire flûté et gamin. Ça me serra le cœur: il me semblait que des sales mômes allaient noyer un chat. (pp. 229-30)

La fameuse scène de la bibliothèque actualise le fantasme de la scène du galet, non sans y détourner, bien sûr, la punition sur le double caricatural: *main* du *gars* féminisée, "c'était une main, la petite main blanche qui s'était tout à l'heure glissée le long de la table . . . elle avait l'indolente nudité d'une baigneuse," s'accouplant au *gars laid* (galet), "c'était un gros doigt jauni par le tabac; il avait, près de cette main, toute la disgrâce d'un sexe mâle" (p. 230). On ne peut que trouver logique la question hurlée par le gardien corse à Roquentin: "Est-ce que vous êtes une tante, vous aussi?" (p. 234). La réponse, c'est Sartre qui l'apporte dans *L'Idiot de la famille*: "Parlerons-nous ici d'homosexualité? Peut-être. Mais non sans précaution . . . Cette postulation de sa passivité ne va pas jusqu'à décider du sexe de l'agresseur" (I, p. 686). Ce qui est pris à tort pour de l'homosexualité, chez Flaubert, est la structure féminine de son désir. Témoin cette lettre qui raconte la tentative de séduction par un kellak égyptien, commentée par Sartre:

> "Je l'ai . . . repoussé . . Il s'est mis à sourire et son sourire voulait dire: 'Allons tu es un cochon tout de même, mais aujourd'hui, c'est une idée que tu as de ne pas vouloir.' Quant à moi, j'en ai ri tout haut comme un vieux roquentin." . . . Flaubert s'étend complaisamment sur l'aventure et déclare qu'il a repoussé à temps la *main indiscrète*: on le croira sans peine si l'on se rappelle l'horreur profonde que lui inspire la *laideur*.
> (I, pp. 688-89)

On se prend à rêver sur telle formule de Lacan: l'inconscient, c'est le discours de l'Autre . . . On se demande aussi ce qui arriverait si la barrière de la "laideur" s'effondrait et si l'objet masculin était soudain perçu comme beau. Il est, heureusement, une défense supplémentaire, et le spectacle de ce qui attend l'Autodidacte a valeur d'avertissement ("Quand le Corse retira son poing, le nez de l'Autodidacte commençait à pisser le sang," p. 233). *Bouville, ville des bœufs*: quand le masculin se laisse contaminer par son féminin, c'est la *castration cosmique*, au terme ultime de la Nausée:

> Il pleut. On a laissé pousser des plantes entre quatre grilles. Des plantes châtrées, domestiquées, inoffensives, tant elles sont grasses. Elles ont d'énormes feuilles blanches qui pendent comme des oreilles . . . Tout est gras et blanc à Bouville, à cause de toute cette eau qui tombe du ciel. (p. 218)

Ville castrée, ville de la *boue*. Bouville.

Phallotexte

L'eau du ciel nous renvoie tout naturellement au liquide de l'encrier. La "nausée dans les mains," la féminisation hystérique de la main, elle est éprouvée d'emblée, au seuil du livre, aux premières lignes de ce *Feuillet sans date*, bien avant qu'elle ne se thématise en maints épisodes et ne se monnaie en multiples fantasmes, et cela, dans l'*acte même d'écrire*. Ce que nous appelons l' "homotexte" montre, au cœur du geste viril (lancer un caillou) la possibilité d'une jouissance inversée plus encore qu'invertie (main transformée en ventre de baigneuse, fouillé par un doigt); l'activité s'y transit soudain en abandon pâmé. En ce sens, l'homotexte est menace pour le *phallotexte*. Si l'on peut, à propos de la bouteille d'encre, "retrouver l'impression d'avant-hier," c'est que l'acte d'écriture est *aussi* un acte sexuel; loin des mythes de sublimation, *écrire se situe dans le sexe*. Tout comme les rêves d'une même nuit sont censés faire apparaître de plus en plus manifestement le contenu refoulé, la seconde "expérience" phobique de Roquentin éclaire rétrospectivement la première. On y retrouve la même lutte intestine du sec et du boueux, agrandie à des proportions quasi cosmiques:

> En été ou au début de l'automne, on trouve dans les jardins des bouts de journaux que le soleil a cuits, secs et cassants . . . D'autres feuillets, l'hiver, sont pilonnés, broyés, maculés, ils retournent à la terre. D'autres tout neufs et même glacés, tout blancs, tout palpitants, sont posés comme des cygnes, mais déjà la terre les englue par en dessous. (p. 23)

Après les *cygnes*, les *signes* ne sont pas longs à paraître:

> Je me suis approché: c'était une page réglée, arrachée sans doute à un cahier d'école . . . Le trait rouge de la marge avait déteint en une buée rose; l'encre avait coulé par endroits. Le bas de la page disparaissait sous une croûte de boue . . . Je suis resté courbé une seconde, j'ai lu "Dictée: le Hibou blanc," puis je me suis relevé, les mains vides. Je ne suis plus libre, je ne peux plus faire ce que je veux. (p. 24)

Le "Hibou blanc" répercute dans l'ordre du signifiant, saisi immédiatement comme contradiction dans les termes, l'opposition binaire signifiée dans l'épisode du galet, l'impossible accolement des contraires. De fait, l'écriture elle-même est *mise en œuvre du sec et de l'humide en son geste matériel*: "la plume me tomba des doigts en crachant de l'encre . . ." (p. 137); "les lettres maintenant ne brillaient plus, elles étaient sèches . . ." (ibid.). L'écœurement commence quand le "sec," l'ordre rigoureux des signes (telles les notes de saxophones qui sont des instants "asséchés," p. 243) est vécu comme relâchement, quand il est contaminé, repris par l'ordre du fluide: "Mon écriture a changé, il me semble: j'écrivais plus serré" (p. 27). On remarquera que l'encre qui a "coulé" sur cette page frappée d'interdit est le "trait rouge" de la marge, couleur qui n'est pas sans évoquer cette autre scène d'écriture: "Quatre lignes sur une feuille blanche, une tache de sang . . ." Dans la scène du galet comme dans celle du papier souillé, ce qui soulève le dégoût de Roquentin, ce qui déclenche son recul, lequel ira s'amplifiant jusqu'à la nausée, c'est *l'irruption fantasmée du féminin au cœur du logos masculin*, rupture soudaine de l'équilibre, décloisonnement des pôles opposés, compénétration de l'un par l'autre: l'objet à deux faces renvoie son image au sujet d'un langage à deux sexes. *Broyée, maculée, engluée par en dessous*: tel est le cauchemar d'une masculinité inopinément contestée par le principe contraire et subordonné. La levée subite de l'interdit se métaphorise dans la série menaçante des barrières qui cèdent:

Moi, je vois le dessous! les vernis fondent, les brillantes petites peaux veloutées, les petites peaux de pêche du bon Dieu pètent de partout sous mon regard, elles se fendent et s'entrebâillent. (p. 175)

Pour Roquentin-Sartre, le "continent noir" entr'aperçu dans les profondeurs est un répugnant marécage. La "mer" des poètes est un bourbier: "La *vraie* mer est froide et noire, pleine de bêtes; elle rampe sous cette mince pellicule verte qui est faite pour tromper les gens" (ibid). Bestiaire qui n'est pas sans rappeler le grouillement animal du rêve de Roquentin, lorsqu'il a tiré son coup avec la patronne du *Rendez-vous des Cheminots*: "Des fourmis couraient partout, des mille-pattes et des teignes. Il y avait des bêtes encore plus horribles ... elles marchaient de côté avec des pattes de crabe" (pp. 88-89). Dès lors, le seul contact sûr avec l'élément liquide, c'est le *ricochet*; le geste viril, le jet (rejet) agressif d'une pierre. D'entrée de jeu ou de journal, le discours du "Feuillet sans date," s'il refuse l'estampille du temps, n'en porte pas moins une marque, si l'on peut dire, de fabrique: *y voir clair, classer les faits, parallélipipède rectangle, se détache sur, écrire net*. On y reconnaît sans mal le logos classique de l'emprise et de la maîtrise, le discours phallique dans la droite lignée de la Chasse de Pan baconienne ou du *Discours de la méthode*, impérialisme d'une rationalité qui vise à dépouiller, nettoyer, purifier le monde de l'étrangeté du sensible, au profit de la netteté de l'intelligible. Comme le galet, que Roquentin tient "par les bords, avec les doigts très écartés, pour éviter de se salir," l'écriture appelle l'écart, la distance par rapport aux processus élémentaires, une *Verfremdung* où il est aisé de lire le désir de "réassurance" de la "protestation virile": "j'ai vu pointer un mot sous la trame des sensations" (p. 54). Par opposition au flou, au fluide, au flux de la pensée spontanée, le mot-phallus est bien l'instrument à "boucher le trou" qu'ouvre l'expérience du néant:

Et puis, tout d'un coup, le jardin se vida comme par un *grand trou*, le monde disparut de la même façon qu'il était venu . . . Je suis parti, je suis rentré à l'hôtel, et voilà, *j'ai écrit*. (p. 190)

Ce n'est pas seulement le mot, par rapport à la sensation, c'est le *discours tout entier* qui s'éprouve et se désire comme phallique. Je rappelle pour mémoire, et sans pouvoir ici développer l'analyse, le système fantasmatique binaire et bisexué qui organise les séries *temps vécu→vie→passivité→féminité* ("flaque visqueuse au fond de notre temps," "le temps reprend sa mollesse quotidienne," etc.) et *temps du récit→art→rigueur→virilité*, la seconde série étant naturellement valorisée. "Je demandais tout juste un peu de rigueur" (p. 59).

de vrais commencements . . . coupant court à l'ennui, raffermissant la durée

la voix glisse et disparaît . . . la petite fille a été saisie et se tient raide

j'ai senti mon corps se durcir et la Nausée s'est évanouie

il y a cette bande d'acier de la musique, qui traverse notre temps de part en part, et le refuse et le déchire de ses sèches petites pointes

Une histoire, par exemple . . . Il faudrait qu'elle soit belle et dure comme de l'acier.
(pp. 60, 39, 247)

Le phallocratisme de la Nausée, c'est sans doute dans *L'Etre et le Néant* qu'il se donne le plus ingénument à lire, en la célèbre analyse existentielle du "visqueux," où le lexique sartrien se thématise de façon la plus explicite:

Le visqueux . . . est *docile*. Seulement, au moment où je crois le posséder, voilà que, par un curieux renversement, c'est *lui* qui me possède. C'est là qu'apparaît son caractère essentiel: sa mollesse fait ventouse.

Autrement dit, la possession affirme la primauté du Pour-soi dans l'être synthétique "En-soi-Pour-soi." Mais voici que le visqueux renverse les termes: le Pour-soi est soudain *compromis*.

J'écarte les mains, je veux lâcher le visqueux et il adhère à moi, il me pompe, il m'aspire . . . c'est une activité molle, baveuse et féminine d'aspiration . . .

le visqueux apparaît comme un liquide vu dans un cauchemar et dont toutes les propriétés s'animeraient d'une sorte de vie et se retourneraient contre moi. Le visqueux, c'est la revanche de l'En-soi. Revanche douceâtre et féminine... (pp. 700-01)

Gynotexte

On peut, au choix, remplacer le mot *visqueux* par le mot *féminin* (l'identification est explicite), mais aussi par le mot *écriture*: le texte précédent n'en fonctionne qu'avec une évidence accrue. Ecriture "docile," que l'écrivain macho croit "posséder," puisqu'il "possède," par définition, sa langue: et voilà, c'est la langue qui le possède. L'encre n'est plus cette eau vite séchée, où se conserverait sa trace:

Cette phrase-là, je l'avais pensée, elle avait d'abord été un peu de moi-même. A présent, elle s'était gravée dans le papier, elle faisait bloc contre moi. Je ne la reconnaissais plus... Elle était là, en face de moi; en vain y aurais-je cherché une marque d'origine.

Gravée, faisait bloc: l'inscription, c'est l'en-soi soudain de l'écriture. Le pour-soi est expulsé de son projet; pire encore, l'intentionnalité de son projet est *compromise*, la direction abolie. Ce qui coule de la plume est bien ce "liquide vu dans un cauchemar" et dont les propriétés s'animent et se retournent contre l'écrivain, admirable métaphore du *style* même de *La Nausée*, de son oscillation constante du méticuleux et du précis à l'enflure divagante d'un relâchement généralisé. Le galet est la métamorphose de l'encrier: on a beau vouloir "écarter" doigts ou mains, ça poisse. Et, bien sûr, pour la plume-épée, le mot-phallus, quand ça poisse, ça ne colle plus. Pour parodier la formule de Sartre, si le visqueux est l'agonie de l'eau, le voici l'agonie de l'encre. Le pour-soi s'englue soudain dans une langue-flux. Plus exactement, dans la troisième grande scène de Nausée, le cauchemar se textualisera dans une débâcle de la syntaxe, un dérèglement systématique de tous les sens du discours, au moment où dans un cri, la féminisation de l'écriture ("Quatre lignes sur une feuille blanche, une tache de sang," p. 143) s'hystérise et s'accomplit: "Je... voilà que je... viol*ée*"

(p. 144). Nous n'en sommes pas encore au passage à l'acte, à la subversion radicale des normes du logos, dans le délire d'identification à la "petite Lucienne," qui transsexualise l'écriture. Ce moment fécond du délire verbal mériterait à lui seul toute une étude. Dans ce "Feuillet sans date," le désir, métonymiquement lié aux gamins et métaphoriquement au galet, dissimule le transsexuel sous l'homosexuel; ce dégoût/désir se heurte aussitôt à la menace de castration, à la fois redoutée et souhaitée. "Ce qu'une personne craint, c'est ce qu'elle souhaite inconsciemment," disait Fenichel. On ne s'étonnera pas de trouver ici une satisfaction et une punition concomitantes, qui se produisent simultanément *dans le texte*. Si le phallus est verbal, la castration est forcément linguistique. Elle frappe trois fois (faut-il dire trois coups, avant le lever de rideau du "Journal"?).

comment je le voyais *avant* et comment à présent je le* (*un mot laissé en blanc)

Il ne faut rien* (*un mot est raturé [peut-être "forcer" ou "forger"], un autre, rajouté en surcharge, est illisible.

Dans un cas seulement il pourrait être intéressant de tenir un journal: ce serait si* (*le texte du feuillet sans date s'arrête ici). (pp. 11, 14)

Le "changement" dont il "faut déterminer exactement l'étendue et la nature," il se produit, à la lettre et dans la lettre, sous nos yeux; et si ce changement est, comme Sartre l'a très bien diagnostiqué de Flaubert, changement de sexe, c'est alors le sexe même de l'écriture qui vire, ou s'évire: "Comme il est étrange, comme il est émouvant que cette dureté soit si fragile. Rien ne peut l'interrompre et tout peut la briser" (p. 39). La rigueur phallique se brise trois fois, le fil du discours s'interrompt. Laissé en blanc, le mot perd tout pouvoir *dénotateur*, se coupe de la chose: (a) "*comment je le.*" Dans l'impuissance subite à désigner, le langage est castré en sa transcendance: cette perte d'érectilité induira la nausée devant la racine ("Les mots s'étaient évanouis et, avec eux, la signification des choses," p. 179). (b) "*Il ne faut rien*". la castration, sous forme de "rature," voue le logos aux tourniquets du paradigme; "forcer," "forger," le supplément du "rajout" et de la "surchage" reconduit à la même lacune du signifié sous son signifiant barré. Après la dénotation, la connotation succombe; après l'axe de la métonymie, l'axe de la métaphore se disjoint. Le langage désaxé prodigue un verbe en folie: ce sera le vertige délirant devant la "petite Lucienne."

Avec un si

La troisième et ultime lacune qui s'instaure et troue la logique du discours incorpore ou totalise les deux autres: elle est castration du *sens*. (c) "*Dans un cas seulement il pourrait être intéressant de tenir un journal: ce serait si.*" De cette phrase, le sens nous échappe à tout jamais. Les deux conditionnels, redoublés du *si* en point d'orgue, interdisent de combler cette béance, la maintiennent ouverte. On peut même dire que cette énigme sans réponse épouse la *forme de la béance*. Féminité secrète du texte, que le phallus herméneutique s'efforce en vain de sonder, proche de ces "brouillards" de la pensée où le moi individué va s'engloutir. A moins que le sens, dérobé, soit simplement déplacé, que sa suspension soit simple suspens. "Dans un cas seulement il pourrait être intéressant de tenir un journal"? Quel cas? Mais d'abord, qui écrit un journal? Nous avons la réponse à la phrase précédente: "Je suis guéri, je renonce à écrire mes impressions au jour le jour, *comme les petites filles*, dans un beau cahier tout neuf" (pp. 13-14). Le journal n'est pas seulement un genre; il *a* un genre, "forme que reçoivent les mots pour indiquer le sexe des êtres" (Larousse *dixit*). En toute logique, si le journal est chose femelle, le seul cas où il serait intéressant d'en tenir un: *ce serait/si j'étais une femme* (remarque qui a été faite, sans être développée, par D. LaCapra dans *A Preface to Sartre*). A tout le moins, *si j'en devenais une*. Dans l'incomplétude du *si*, c'est *La Nausée* entière qui prend place, en sa double dimension textuelle/sexuelle. Du coup, le "Feuillet sans date" se détache radicalement du "Journal": s'il est matrice du texte, c'est qu'il en est bien le sexe, le *sexte*, dirait Cixous, *féminin*, que le sexte masculin s'efforce en deux cents pages de remplir et de combler, jusqu'à l'instant de l'extase phallocratique, de la jouissance mâle rassurée: "je comprenais que j'avais trouvé la *clé* de l'Existence, la *clé* de mes Nausées . . ." (p. 182).

Reste à savoir si le sexte féminin a été "comblé," s'il a joui. Si la *clé* ainsi trouvée est l'instrument à ouvrir l'ultime serrure, phallus du discours retrouvé au terme des transes transsexuelles, dans le langage éminemment rassurant de la phallophilosophie:

> mes découvertes . . . à présent, il me serait facile de les mettre en mots. L'essentiel, c'est la contingence. Je veux dire que, par définition, l'existence n'est pas la nécessité. Exister, c'est *être là* . . . (p. 184)

Mais ce dérisoire placage de cuistrerie néo-scolastique ne fait-il peut-être que recouvrir la réalité pressentie, comme la pellicule verdâtre de la mer servait à dissimuler ses monstres. Peut-être la *clé* doit-elle être simplement rangée comme objet contraphobique au magasin des accessoires de la phobie, *pipe, fourchette, loquet*, et autres substituts fantasmatiques, sans oublier le verre de bière *biseauté*.

Feuillet sans date

Dès lors, la matrice du récit engendre, à l'inverse de la madeleine proustienne, un texte dont elle n'est pas simplement séparée, mais radicalement coupée. Castration première et dernière. Ce qu'on a pris pour artifice de narration est une intuition profonde; ou plutôt, l'intuition profonde se donne dans l'artifice de narration. Si ce qu'on lit sur ce "feuillet sans date" est, en fin de compte, l'écriture même du *timeless*, c'est-à-dire de l'*inconscient*, aucun système de lecture élaboré par la conscience, celui de Freud non moins que celui de Sartre, ne saurait en offrir le déchiffrage complet, ne saurait en saturer les signes. C'est pourquoi le "continent noir" y figure sous forme de "blancs," où s'engouffrera tout le discours de Roquentin, mais aussi toute *La Nausée* de Sartre. Il m'est impossible de m'étendre sur le statut vertigineux de l'entreprise, qui se déconstruit à mesure qu'elle se construit, ou, mieux, se construit de sa déconstruction même: ce "journal," supposé noter les faits "au jour le jour" est un vrai roman, organisé à l'envers, selon sa fin; mais le roman est un faux roman, dans la mesure où sa fin est une fausse fin qui renvoie à son commencement; où, plus encore, le "roman," est, en fait, le *journal d'une écriture*. Ou encore là où

Roquentin croyait écrire sur sa maladie, celle-ci était en fait déjà profondément maladie de l'écriture. La série des tourniquets s'organise dans la structure fondamentale du bisexe scriptural, dont les postulations contraires ouvrent le livre: "Le mieux serait d'écrire les événements au jour le jour. Tenir un journal pour y voir clair." Les deux propositions consécutives sont en fait contradictoires. Ecrire *au jour le jour*, c'est écrire *comme les petites filles* (ou encore, lire comme l'Autodidacte, qui a, n'oublions pas, des "cils de femme"), selon l'ordre de la succession passive, qui est celui de la vie. *Vivre ou raconter*, déclare Roquentin à son de trompette (p. 62). Ecrire comme une femme, c'est vivre. Vivre la vie visqueuse de l'écriture, son flux immaîtrisé, sa coulée impérieuse, où s'englue le projet de l'écrivain: la "page réglée," où le "trait rouge de la marge avait déteint," le *Hibou blanc*, autre feuillet sans date avec du blanc, c'est une *dictée*. Raconter, c'est un *diktat*. Le langage se plie, ou plutôt se replie, puisqu'un récit commence par sa fin. Geste d'homme, comme les galets lancés par les gamins, actif dans la nécessité qu'il impose à la contingence des mots comme à l'absurdité des choses, violence originelle qui s'avoue, car elle se sait le prix de la rigueur: "j'ai eu des femmes, je me suis battu avec des types"; "cette bande d'acier, l'étroite durée de la musique, qui traverse notre temps de part en part et le refuse et le déchire de ses sèches petites pointes." Il n'en faut pas moins pour *y voir clair*. Mais alors, *tenir un journal pour y voir clair*, n'est-ce pas propos contradictoire, contradiction dans les termes. Qui est contradiction dans les genres. Qui est contradiction dans les sexes. Demande impossible et, pourtant, seule situation possible de l'écrivain et de l'écriture. Cette situation, c'est celle-là même que met exemplairement en scène *La Nausée*. L'homme/femme y produit simultanément, et non sans souffrance—les inévitables "affres"—un phallotexte/gynotexte, un roman/journal, un livre/vie. Une autobiographie. Cette tension insoutenable est la seule permise. L'androgyne qu'est Roquentin écrit donc par la plume de Sartre, autre couple personnage/auteur, un androgynotexte, redoublé, comme en cette séance, de l'accouplement actif/passif, sans cesse inversé, du critique et de sa lecture.

Michael Issacharoff

Espaces mimétiques, espaces diégétiques:
Pour une sémiotique des *Mouches*

Si, à l'instar d'un Beckett, on peut procéder à l'élimination de plusieurs composantes d'un spectacle théâtral, la dimension sémiotique irréductible de tout texte destiné à la mise en scène est celle de la *spatialité*. Pour être représentée, une pièce doit obligatoirement avoir lieu dans un espace concret, réel, elle doit se réaliser *quelque part*.

Dans le cas du récit, l'espace, au sens géographique ou topographique, est dépourvu d'une existence autonome: il dépend des signes verbaux qui l'évoquent. L'espace du récit est donc unidimensionnel en ce sens qu'il est exprimé et transmis par la voie unique du langage.[1] En revanche, l'espace au théâtre, étant multiple, est bien plus complexe: il peut exister plusieurs lieux distincts. On peut distinguer, ainsi que j'ai tenté de le faire ailleurs, trois types d'espaces: architectural, scénographique, dramaturgique.[2] Les deux premiers sont fixes, immuables, le troisième, variable. Ce dernier, le plus insaisissable des trois, est aussi le plus fascinant. L'espace dramaturgique, précisons-le tout de suite, c'est l'utilisation particulière du lieu dans un texte théâtral donné.

Lorsqu'on envisage l'espace dramaturgique, il convient de différencier deux types d'espaces, le visible et l'invisible, l'espace scénique et extra-scénique, que je désignerai respectivement par les termes *mimétique* et *diégétique*. Il s'agit d'une distinction commode entre le perceptible et le non-perceptible; montrer ou ne pas montrer, *that is the question*! L'espace mimétique est transmis directement; l'espace diégétique, au contraire, est médiatisé par les signes verbaux, communiqué donc verbalement et non visuellement. Il peut exister en outre le cas intermédiaire: là où un personnage *parle du visible*, se référant expressément au décor, au mobilier, aux accessoires. Voilà ce qui se passe dans *Oh les beaux jours*, dans *Les Bonnes*, dans *Huis clos*. Dans *Huis clos*, tout comme dans *Les Bonnes*, le ressort principal ainsi que la signification reposent sur l'opposition, sur le conflit même, entre le visible et le non-visible.[3]

De ces considérations il s'ensuit que l'espace dramaturgique, qu'il soit mimétique ou diégétique, est ontologiquement tributaire de la *référence*. L'espace diégétique en dépend exclusivement, bien entendu. L'espace mimétique, s'il est référé explicitement dans le discours des personnages se trouvant sur le plateau, fonctionne alors activement sur le plan dramatique.

La nature complexe de l'espace dramaturgique entraîne aussi une transformation du statut du SIGNE THEATRAL lui-même. Dans un texte artistique non théâtral, le signe possède comme attribut essentiel une fonction de remplacement: le *mot* se substitue à la *chose* ou au *concept*. Au théâtre, tout au contraire, se manifestent deux possibilités: le signe verbal peut soit remplacer le visuel (c'est le cas, par exemple, de l'espace diégétique non perceptible), soit *s'y référer* (c'est le cas de l'acteur parlant d'un accessoire, d'un décor). Il en résulte, au théâtre, un ensemble de systèmes de signes *hiérarchisés*, conformément aux intuitions formulées jadis notamment par Honzl et Veltrusky du Cercle linguistique de Prague,[4] plutôt qu'une série de systèmes sémiotiques juxtaposés selon le modèle, en somme peu opératoire, proposé naguère par T. Kowzan.[5]

A ces remarques sur la spécificité du signe théâtral, on pourrait ajouter une nuance, à mon sens capitale, en ce qui concerne le REFERENT. Celui-ci existe au théâtre sous quatre formes possibles. Il peut être:

1) non visible (c'est-à-dire référé exclusivement dans le *discours*);
2) partiellement visible, c'est-à-dire, synecdochique ou métonymique;
3) visible (c'est-à-dire, référé seulement dans les *didascalies*);
4) visible *et* référé dans le discours des personnages.

S'il est non visible, il se limite à une existence purement verbale; s'il est partiellement visible, il s'agit le plus souvent d'un élément vestimentaire ou scénographique figurant un *ensemble* non perçu intégralement; enfin, s'il est visible, il est programmé dans les didascalies au même titre que n'importe quel autre élément à rendre perceptible sur le plateau, tandis que s'il est à la fois visible et référé dans le discours, il s'agit d'une présence scénique marquée, c'est-à-dire maximale.

Si j'insiste, dans ce préambule, sur ces questions de principe, c'est dire par là-même que je m'inscris en faux contre le postulat d'Umberto Eco, inspiré par la tradition saussurienne, selon laquelle le référent de tel ou tel signifiant, objet ou personne, ne correspond pas à une entité particulière, mais obligatoirement à une *catégorie* d'éléments:

Take the term /dog/. The referent will certainly not be the dog X standing by me while I am pronouncing the word. For anyone who holds to the doctrine of the referent, the referent in such a case will be all existing dogs (and also all past and future dogs). But "all existing dogs" is not an object which can be perceived with the senses. It is a set, a class, a logical entity.[6]

Est-il besoin de préciser que cette conception du référent théâtral, envisagé dans sa particularité individuelle et spécifique, se rapproche de la notion du logicien P.F. Strawson, concernant le domaine de la fonction référentielle du langage ordinaire, désignée celle-ci par l'expression *usage de référence unique* [uniquely referring use]?[7] Strawson entend par là non seulement les déictiques (les *shifters* selon la terminologie de Jakobson), mais aussi le renvoi à une personne individuelle, à un objet singulier, à un lieu particulier. Au théâtre, précisément, se manifeste une *triade* sémiotique, comprenant un signifiant, un signifié, un référent. Le théoricien qui s'attache à tenir compte de la spécificité théâtrale, ne saurait faire abstraction du référent, surtout lorsque celui-ci est visible et référé dans le discours.[8]

Je préciserai enfin que le théâtre manifeste une *double sémiosis*, découlant des deux types de signes—iconiques et verbaux—

qui s'y trouvent: êtres vivants et objets visibles[9] deviennent, une fois mis en situation sur la scène, des signes: la réalité se sémiotise (Monsieur X représente Oreste); d'autre part, les signes verbaux remplacent êtres vivants ou objets: les signifiants abstraits figurent la réalité concrète. De plus, les référents visibles connaissent une relation sémiotique *double* se présentant sur deux axes, horizontal et vertical. Horizontal, lorsqu'on les envisage comme partie s'intégrant à un système de signes à l'intérieur du texte théâtral; vertical, en ce qui concerne leur statut d'unités renvoyant chacune à une réalité extérieure: une couronne utilisée comme signe de royauté à telle époque, des bijoux, un décor somptueux, comme signes de richesse, un uniforme évoquant telle ou telle structure militaire locale, et ainsi de suite.[10] La mise en scène d'une pièce de théâtre donnée crée automatiquement un *univers de parole* (c'est-à-dire un ensemble d'actes de parole) qui lui est propre.

J'en viens aux *Mouches*, que j'envisagerai surtout à titre de texte-prétexte, illustrant l'application d'une méthode qui se veut un modeste apport à la sémiotique théâtrale. Ce qui m'intéresse surtout, on le verra, c'est le *comment* du fonctionnement du sens plutôt que le sens lui-même. Dans les lignes qui suivent, j'ai fait abstraction d'une voie d'approche tout autre, qui consisterait à considérer la pièce de Sartre dans une perspective straussienne ou riffaterrienne en tenant compte de toute la problématique de l'intertexte.

Commençons par l'espace mimétique. Il existe, dans *Les Mouches*, quatre lieux distincts: la place d'Argos, la plate-forme dans la montagne (où se trouve la caverne close), la salle du trône, le temple d'Apollon. La place d'Argos, c'est l'espace clos par excellence; la plate-forme dans la montagne, c'est l'espace sacré; la salle du trône, c'est l'espace du meurtre; enfin le temple d'Apollon, c'est le sanctuaire des assassins. De ces quatre lieux, c'est le premier qui fonctionne le plus, en ce sens qu'il est plus souvent référé que les trois autres, qu'il recèle le plus de composantes: murs, maisons, statue, palais. La statue, dédoublement iconique du dieu d'Olympe, c'est le moyen grâce auquel Jupiter assure à Argos une présence permanente. Le regard malveillant de cette statue, prolongement de celui de Jupiter, dévisage les habitants d'Argos, tous conscients de leur culpabilité et écrasés par la honte. Techniquement, la fonction scénique de la statue est comparable à celle des immenses photos de Frantz dans *Les Séquestrés d'Altona*: elle prolonge la présence scénique d'un personnage—Jupiter en l'occurrence—et elle place ainsi le premier acte des *Mouches* sous le signe du dieu d'Olympe.

La statue présente en outre une dimension sémiotique toute particulière, en ce sens qu'elle s'intègre à une sémiosis se manifestant à plusieurs degrés. C'est dire que le personnage Jupiter est représenté de cinq façons, celles-ci constituant entre elles tout un univers spéculaire: 1e par un signe iconique, l'acteur tenant le rôle: la réalité devient signe; 2e par un signe verbal, là où le dieu se limite à une présence diégétique; en ce cas, le signe verbal (abstrait) figure une réalité concrète; 3e par un signe iconique au second degré—la statue—représentation iconique du dieu; 4e par un signe lumineux à dominante métonymique: la présence de Jupiter est symbolisée par son principal attribut, la foudre. Pendant la scène de la fête des morts, lorsque, sur la demande d'Oreste désireux de percevoir un signe manifestant la volonté divine, la lumière fuse autour de la pierre noire, Oreste refuse d'accepter le rôle du destinataire de ce message, conformément aux intentions de Jupiter: "Elle n'est pas pour moi, cette lumière," dit-il (63).[11] Enfin, 5e niveau: par un signe sonore. Au troisième acte, la voix de Jupiter, devenue énorme, est transmise par un microphone puissant. Dans cette scène entre Oreste et Jupiter, le dieu manifeste une double présence sémio-scénique, visuelle (car on le voit) et auditive (grâce au micro):

Jupiter
Oreste! Je t'ai créé et j'ai créé toute chose: regarde. (*Les murs du temple s'ouvrent, le ciel apparaît, constellé d'étoiles qui tournent. Jupiter est au fond de la scène. Sa voix est devenue énorme—microphone—mais on le distingue à peine.*)
Vois ces planètes qui roulent en ordre, sans jamais se heurter: c'est moi qui en ai réglé le cours selon la justice. Entends l'harmonie des sphères, cet énorme chant de grâces minéral qui se répercute aux quatre coins du ciel. . . . Tu n'es pas chez toi, intrus; tu es dans le monde comme l'écharde dans la chair, comme le braconnier dans la forêt seigneuriale. (p. 98)

Cette multiplicité de niveaux sémiotiques marquant la présence scénique de Jupiter sert à mettre en relief à la fois la puissance virtuelle du personnage et la victoire (psychologique et sémiotique) d'autant plus éclatante, de son opposant Oreste, dont la réplique provoque la disparition, dans cette même scène, de l'attribut sonore:

Oreste
Que les rochers me condamnent et que les plantes se fanent sur mon passage: tout ton univers ne suffira pas à me donner tort. Tu es le roi des Dieux, Jupiter, le roi des pierres et des étoiles, le roi des vagues de la mer. Mais tu n'es pas le roi des hommes.
(*Les murailles se rapprochent, Jupiter réapparaît, las et voûté; il a repris sa voix naturelle.*) (p. 99)

Le premier acte des *Mouches* montre ainsi l'ordre établi, rigoureusement régi et orchestré par Egisthe avec l'aide de Jupiter. Les maisons d'Argos, quant à elles, figurent en microcosme la ville elle-même, fermée aux étrangers: "Regardez-les un peu, ces maisons, dit le Pédagogue, et parlez-moi de l'air qu'elles ont. Où sont leurs fenêtres? Elles les ouvrent sur des cours bien closes et bien sombres, j'imagine, et tournent vers la rue leurs culs" (p. 12). Les murs de la ville sont associés au visage de la statue de Jupiter, tous deux étant décrits dans les mêmes termes: "barbouillés de sang." Le sang au visage de la statue est censé signifier aux habitants d'Argos leur propre culpabilité. Electre rejette ce signal,[12] qu'elle refuse de reconnaître, car pour elle (tout comme pour Oreste qui refusera le signal de Jupiter lors de la fête des Morts) le rouge ne représente que du jus de fruits: "Ordure! Tu peux me regarder, va! avec tes yeux ronds dans ta face barbouillée de jus de framboise, tu ne me fais pas peur" (p. 27). Sémioticienne avertie, Electre démystifie tout le jeu de Jupiter, du moins au début, car elle ne consent pas à percevoir le signal qu'est ce rouge au visage de la statue, selon l'intention de celui qui communique. Elle tente de bloquer ainsi la chaîne de communication, rouge → sang → culpabilité, en s'opposant à ce que l'on investisse le rouge d'un contenu symbolique, et cela afin de démontrer le mécanisme associatif habituel à Argos, rouge indice de sang, sang symbole de culpabilité.

J'en viens au deuxième lieu mimétique, espace du second acte: la plate-forme dans la montagne avec la caverne dont l'entrée est fermée par une pierre *noire*. Au premier acte, les mouches, invisibles, sont dédoublées par les vieilles femmes d'Argos vêtues de noir. Cette même couleur, figurant la mort, le repentir, la culpabilité, réapparaît au second acte en s'associant explicitement à la mort: la pierre *noire* bloque l'issue de la caverne d'où sont censés émerger les morts le jour de leur fête. Ce deuxième acte de la pièce s'inscrit donc dans l'espace sacralisé. Il s'agit, selon les précisions de la régie, d'une plate-forme *dans la montagne*, c'est-à-dire, d'un espace élevé qu'il faudrait investir d'une connotation sacrée, conformément au statut du haut dans bon nombre de textes classiques. Cet espace élevé trouve son complément dans le dispositif scénique qui, selon les didascalies, représente des marches conduisant à un temple. Mais ces hauteurs incarnant symboliquement le règne Jupiter-Egisthe sont prises d'assaut: Electre subvertit ce système spatial et chromatique en faisant une apparition *en robe blanche*, sur les *marches* du temple. *En robe blanche*, c'est-à-dire vêtue de la couleur d'une révolte explicite, tout le monde, à part elle, portant le deuil ce jour-là; *sur les marches du temple*, c'est-à-dire, en haut du lieu du culte, qu'elle tente de profaner par son apparition même, là où elle sera perçue de tous. Elle tâche ainsi de rejeter intégralement le code représentant la convention établie à Argos:

Egisthe
Electre, réponds, que signifie ce costume?

Electre
J'ai mis ma plus belle robe. N'est-ce pas un jour de fête? (p. 49)

On reproche à l'insoumise l'infraction au code en vigueur. D'après ce code implicite, porter le noir signifie une soumission au régime d'Egisthe; porter ce jour-là une autre couleur, c'est le refus du deuil, c'est afficher le fait qu'on assume sa liberté, c'est le refus de se conformer à la mauvaise foi généralisée. Bref, cela représente chez Electre une tentative pour se désolidariser du peuple, pour se démarquer.

Tout système sémiotique, d'après Benveniste, doit manifester quelques traits distinctifs comprenant, entre autres, un domaine de validité.[13] Par là il faut entendre le domaine où tel ou tel système de signes s'impose et doit être reconnu ou obéi. Or, Electre, c'est un récepteur révolté; elle refuse d'admettre code spatial et code vestimentaire. Dans le contexte d'Argos, assumer sa liberté implique une révolte intégrale contre les codes établis, que l'on ne saurait reconnaître. En outre, le choix par Electre d'une robe blanche revêt une autre signification, conçue, celle-ci, pour être reconnue et entendue par les habitants d'Argos. Le blanc devient un *signal*, étant la couleur chère à Jupiter, dieu de la lumière. Porter cette couleur le jour de la fête des Morts est donc un acte comparable à celui de Prométhée, autre homme révolté, qui dérobe le feu, attribut jusqu'alors réservé exclusivement aux dieux. D'où la riposte de Jupiter, qui réagit du tac au tac, en faisant apparaître le *feu* qui fuse autour de la pierre noire.

Passons maintenant à la salle du trône, scène du second tableau du deuxième acte, lieu du meurtre. Tout comme la place d'Argos, cette salle recèle, elle aussi, une statue de Jupiter. C'est dire que le régime d'Egisthe est ainsi placé sous le regard protecteur du dieu tout-puissant; c'est dire aussi que l'acte de révolte, cet acte-limite, sera commis en pleine présence de la force protectrice. Celle-ci sera double juste avant l'assassinat, et doublement iconique, car on voit simultanément sur le plateau l'acteur jouant le rôle de Jupiter et la statue du dieu. L'acte d'Oreste, dans toute son audace, dans toute la beauté d'une révolte intégrale, est ainsi plus explicitement mis en valeur.

Quant au temple d'Apollon, abri des meurtriers, il s'agit de toute évidence d'un lieu scénique mis en parallèle avec la salle du trône; si la salle du trône est placée sous le signe d'un Jupiter-statue, le temple d'Apollon est situé sous l'emblème de la statue d'Apollon, c'est-à-dire de celui dont la fonction consiste (dans *Les Euménides* d'Eschyle) à défendre Oreste contre les Erinnyes. Mais Apollon, c'est aussi le dieu de la lumière. Si les deux premiers actes des *Mouches* sont placés sous le signe de Jupiter, le troisième voit remplacer ce dieu, dont le pouvoir a été subverti radicalement par l'assassinat de ses deux complices Clytemnestre et Egisthe, par l'image d'Apollon. Tel un Prométhée, Electre avait déclenché la révolte qui sera menée à bonne fin par son frère. Dans la scène devant l'image d'Apollon, la présence divine se limite à une existence imagérielle et secondaire: la statue n'est référée qu'une seule fois dans les didascalies du début de l'Acte, et une fois seulement dans le discours, contrairement à celle de

Jupiter, de nombreuses fois évoquée dans les didascalies tout comme dans le discours. L'acte du double assassinat libère ainsi l'actant du régime des dieux. Pour Oreste, la présence d'Apollon demeure donc surtout métaphorique, d'où ses allusions à la lumière, au soleil:

Oreste
Electre, derrière cette porte, il y a le monde. Le monde et le matin. Dehors, le soleil se lève sur les routes. Nous sortirons bientôt, nous irons sur les routes ensoleillées, et ces filles de la nuit perdront leur puissance: les rayons du jour les transperceront comme des épées.... (pp. 91-92)

Ainsi, si la puissance des ténèbres domine l'espace des deux premiers actes de la pièce, celle du jour perce momentanément au troisième grâce au halo bénéfique d'Apollon. Cependant, en ce qui concerne Electre, L'Acte III représente un conflit entre ténèbres et lumière, entre mauvaise foi et liberté, entre la statue d'Apollon et la présence d'un Jupiter secondé par les Erinnyes, conflit dont l'issue sera une victoire partielle pour Jupiter qui parvient à reprendre sous son égide la brebis égarée. La Première Erinnye, prévoyant la situation, décourage, en ces termes, une Electre vacillante:

Tu ne reverras jamais le *soleil*, Electre. Nous nous masserons entre lui et toi comme une nuée de sauterelles et tu emporteras partout la *nuit* sur ta tête. (p. 92, c'est moi qui souligne)

Mais cette lumière de la révolte, momentanément éclipsée au départ d'Electre, se rallume de plus belle. Lorsqu'Oreste fait ouvrir la porte du temple d'Apollon pour faire face à la foule, une "vive lumière," d'après les indications de la régie, se répand. En outre, dans la dernière tirade d'Oreste, la lumière éclatante du soleil-liberté l'emporte sur sa contrepartie métaphorique, l'univers des ténèbres:

Vous me regardez, gens d'Argos, vous avez compris que mon crime est bien à moi, je le revendique à la face du *soleil*, il est ma raison de vivre et mon orgueil.... Vos fautes et vos remords, vos angoisses *nocturnes*, le crime d'Egisthe, tout est à moi, je prends tout sur moi. Ne craignez plus vos morts, ce sont *mes* morts. Et voyez: vos mouches fidèles vous ont quittés pour moi.... (p. 108, c'est moi qui souligne, sauf *mes*)[14]

Ainsi se manifeste dans l'espace mimétique des *Mouches* un système chromatique ternaire, où figurent le rouge, le noir, le blanc.

Le noir est le signe de mort, de culpabilité, de repentir, de mauvaise foi; le blanc est signe de vie, de révolte, de subversion. Quant au rouge, il agit comme point de jonction entre les deux: il est d'abord censé signifier le sang et provoquer donc un sentiment de culpabilité, c'est-à-dire, renvoyer au noir. Mais il est aussitôt subverti dans son essence chromatique par un Oreste qui le transforme en faisant une apparition sur scène, portant une épée sanglante, signal d'un ordre nouveau qu'il installe à Argos par le truchement de son acte radical. Oreste impose le règne du soleil—le blanc—transforme le rouge en signe fier de la révolte, supprime le noir en faisant disparaître les derniers vestiges de cette couleur, Erinnyes et mouches, qu'il emmène avec lui en quittant définitivement la ville.

Quant à l'espace diégétique dans *Les Mouches*, que faut-il en dire sinon qu'il est surtout absent dans cette pièce, contrairement à son rôle dynamique dans *Huis clos*, par exemple.[15] Sa fonction fort peu importante par rapport à celle de l'espace mimétique, lors de ses rares manifestations, se limite à un statut totalement subordonné aux zones visibles, qu'il définit par un jeu d'oppositions. Qu'il s'agisse de Corinthe ou de toute autre ville heureuse, "blanche et calme," ailleurs en Grèce, son rôle est le même: le non-visible est essentiellement le non-Argos qui ne sert qu'à mieux mettre en relief la zone visible, c'est-à-dire les ténèbres d'Argos.

La place d'Argos, la plate-forme dans la montagne, la salle du trône, le temple d'Apollon—autant d'espaces mimétiques de ce drame sartrien—sont tous des lieux *clos*. La ville d'Argos, fermée aux étrangers, c'est le clos par excellence; la plate-forme avec sa caverne, c'est le clos de l'espace sacré réservé aux fidèles; la salle du trône, c'est une aire strictement royale; enfin le temple d'Apollon, c'est le sanctuaire destiné exclusivement à ceux qui, étant en fuite, se mettent sous la protection d'Apollon.

Or, toute la dynamique de la pièce correspond à une série de *transgressions* subvertissant le statut de chacun de ces lieux, d'où les multiples allusions aux *portes* qui ferment chaque zone. Transgression par Oreste, venu du dehors, qui, en franchissant les portes de la ville, commet une sorte d'invasion; transgression par Electre faisant irruption sur les marches du temple, vêtue de sa robe blanche le jour de la fête des Morts; transgression par Oreste et Electre qui pénètrent dans la salle du trône pour assassiner son occupant; victoire ultime d'Oreste qui renverse tout le processus établi, en quittant de façon triomphale l'espace protecteur, s'affranchissant en franchissant une dernière porte.

NOTES

1. Voir M. Issacharoff, *L'Espace et la nouvelle* (Paris: J. Corti, 1976) notamment pp. 10-19, et "Qu'est-ce que l'espace littéraire?" *L'Information Littéraire*, 30, No. 3 (mai-juin 1978), 117-22.
2. M. Issacharoff, "Space and Reference in Drama," *Poetics Today*, 2, no. 3 (1981), 211-24.
3. Cf. mon article, "Sartre et les signes: La dynamique spatiale de *Huis clos*," *Travaux de Linguistique et de Littérature*, 15 (1977), 293-303.
4. Voir J. Honzl, "La Mobilité du signe théâtral" (1940), article repris et traduit du tchèque dans *Travail Théâtral*, 4 (1971), 6-20, et du même auteur, "The Hierarchy of Dramatic Devices," traduction anglaise d'un article paru en tchèque en 1943, et repris dans *Semiotics of Art*, éd. Ladislav Matejka et Irwin Titunik (Cambridge, Mass.: M.I.T. Press, 1976), pp. 118-27. Ce même volume reproduit en version anglaise plusieurs études importantes de J. Veltrusky; voir surtout "Dramatic Text as a Component of Theater," pp. 94-117.
5. T. Kowzan, "Le Signe au théâtre: Introduction à la sémiologie de l'art du spectacle," *Diogène*, 61 (1968), 59-70. Cet article a été repris dans Kowzan, *Littérature et spectacle* (Paris et La Haye: Mouton, 1975), pp. 160-221.
6. Umberto Eco, *A Theory of Semiotics* (Bloomington et Londres: Indiana Univ. Press, 1976), p. 66.
7. Voir P.F. Strawson, "On Referring," *Mind*, 59 (1950), texte repris, sous une forme légèrement remaniée dans Strawson, *Logico-Linguistic Papers* (Londres: Methuen, 1971 et 1974), pp. 1-27. Voici sa définition: "We very commonly use expressions of certain kinds to mention or refer to some individual person or single object or particular event or place or process, in the course of doing what we should normally describe as making a statement about that person, object, place, event, or process. I shall call this way of using expressions the 'uniquely referring use'" (p. 1). Cf. Willard V.O. Quine, *Word and Object* (Cambridge, Mass.: M.I.T. Press, 1960), notamment pp. 80-124, "The Ontogenesis of Reference") et John R. Searle, *Speech Acts: An Essay in the Philosophy of Language* (Londres: Cambridge Univ. Press, 1969), en particulier pp. 26-29 et 72-96 ("Reference as a Speech Act").
8. Est-il besoin de préciser que j'emploie ici la notion du référent au sens strict, selon la définition originelle de C.K. Ogden et I.A. Richards, dans *The Meaning of Meaning* (Londres: K. Paul, Trench & Trubner, 1923). En ce qui concerne l'application du concept du référent et son fonctionnement dans un spectacle théâtral, voir par exemple: Jean-Michel Adam et Jean-Pierre Goldenstein, *Linguistique et discours*

littéraire (Paris: Larousse, 1976), notamment pp. 10-27, et Anne Ubersfeld, *Lire le théâtre* (Paris: Editions Sociales, 1977), pp. 164-65. Voici une définition claire et concise du concept du référent: "Le référent c'est *cela dont il est dit quelque chose* dans le discours, *cela à propos de quoi* s'accomplit l'acte de parole; et non pas ce qui est dit dans le discours, qui est proprement le signifié" (André Guimbretière, "Approche du référent," *Degrés*, 3 [juillet 1973], 7).

9. Pour ce qui est du statut de *l'objet* au théâtre, voir les intéressantes remarques d'Anne Ubersfeld à propos du théâtre de Victor Hugo, dans *Le Roi et le bouffon* (Paris: J. Corti, 1974), pp. 582-91. Voir également les remarques, plus théoriques, dans son récent ouvrage, *Lire le théâtre*, pp. 194-202. Cf. Maryvonne Saison, "Les objets dans la création théâtrale," *Revue de Métaphysique et de Morale*, 79, No. 2 (avril-juin 1974), 253-68; M. Issacharoff, "*Lucienne et le boucher*: (Sémio)logique du mélo," *Magazine Littéraire*, No. 124 (mai 1977), 22-25, et du même auteur: "*Ubu and the Signs of the Theater*," dans R. Mitchell, éd., *Pretext/Text/Context: Essays on Nineteenth Century French Literature* (Columbus: Ohio State Univ. Press, 1980), pp. 277-84.

10. Il s'agit, en ce dernier cas, de ce que Petr Bogatyrev nomme des "signes de signes." Voir son article de 1938 repris en traduction française sous le titre "Les Signes du théâtre," *Poétique*, 8 (1971), 517-30.

11. Les références de pages renvoient au texte des *Mouches* dans l'édition Gallimard du *Théâtre* de Sartre (Paris: 1947).

12. J'adopte ici la distinction posée par Ch. Bally (dans "Qu'est-ce qu'un signe?" *Journal de Psychologie Normale et Pathologique* [avril-juin 1939], pp. 161-74) entre INDICE et SIGNE ("si l'indice est un moyen de *connaître*, le signe est un moyen de *faire connaître*," p. 166) élaborée par la suite par E. Buyssens, entre autres, qui la reformule en utilisant les termes INDICE et ACTE SEMIQUE, dont le dernier désigne une intention manifeste de communiquer. "L'acte sémique, écrit-il, est un comportement concret destiné à faire connaître un état de conscience concret" (*La Communication et l'articulation linguistique* [Bruxelles: Presses Universitaires de Bruxelles, et Paris: P.U.F., 1967], p. 36). Chez Jeanne Martinet (*Clefs pour la sémiologie* [Paris: Seghers, 1975], pp. 49-53) qui reprend les concepts de Prieto notamment, *acte sémique* et *signe* sont remplacés par le terme *signal*, mais ces trois termes désignent la même notion.

13. E. Benveniste, *Problèmes de linguistique générale II* (Paris: Gallimard, 1974); voir en particulier pp. 43-66.

14. Cette opposition *jour/nuit* dans le code verbal reflète bien entendu celle, chromatique, *blanc/noir*, qui se manifeste dans le code vestimentaire.

15. Voir mon article, "Sartre et les signes."

Jean Alter

Les Mains sales, ou La clôture du Verbe

Certains d'entre nous sont assez vieux pour avoir vu *Les Mains sales* il y a trente ans, et assez jeunes pour s'en souvenir.[1] C'était la consécration de Sartre comme dramaturge. Il y avait bien eu *Les Mouches*—une révélation, puis *Huis clos*—un tour de force, puis—en un double programme—*Les Morts sans sépulture* et *La Putain respectueuse*, celle-ci—en Madeleine—rachetant ceux-là, mais sans emporter la conviction. Le maître avait du talent, certes, mais peut-être manquait de souffle. *Les Mains sales* levèrent les doutes. Bien sûr, une partie du succès relevait de la politique: Sartre embrochait les communistes et, en 1948, cela plaisait et déplaisait assez pour faire mousser la pièce et la monter à New York. Elle devait même s'appeler *The Red Gloves*. . . . Histoire ancienne, sinon petite histoire, et qui ne nous concerne pas. Mais, en même temps, *Les Mains sales* apportaient la preuve du génie dramatique de Sartre. Depuis, on applaudit *Le Diable et le Bon Dieu*, et Pierre Brasseur, on trouva des excuses à *Nekrassov*, on admira sans surprise *Les Séquestrés*, on regretta qu'il n'y ait pas eu de suite. Sartre, homme de théâtre, était entré dans le Panthéon, et *Les Mains sales* dans la légende.

C'est le moment de les en tirer, surtout parce qu'on ne les a guère revues sur scène.[2] Je n'ai pas l'intention de faire le procès d'un mythe. Je propose simplement d'interroger le paradoxe d'une pièce qui semblait incarner le théâtre et que le théâtre reconnaît peu. En d'autres termes, était-ce vraiment une œuvre très théâtrale? Ou, pour prendre une notion plus dans le vent, quelle est sa teneur en théâtralité? La critique moderne, et déjà traditionnelle, donne deux sens à ce terme, et je la suivrai dans cette double voie, bien qu'elle mène à une impasse. La conscience tranquille, on passera alors à la théâtralité sémiotique.

Dans son premier sens, restreint à l'extrême pour éviter les lapalissades, la théâtralité entend ce qui, dans une pièce, attire l'attention sur son caractère théâtral au moyen d'allusions au théâtre: pièce dans la pièce, références aux rôles ou aux acteurs, discussion des techniques dramatiques; et Shakespeare, Pirandello, Genet auraient privilégié cette sorte de théâtralité; Brecht en aurait fait un article de foi. Le concept ne manque pas d'utilité. Il mesure la conscience que le théâtre a de sa nature, permet de le situer par rapport à l'histoire des autres genres, démonte les effets de réverbération intérieure ou extérieure. En revanche, il ne s'applique pas à toutes les pièces. On peut parfois trouver cette théâtralité, mais rien n'oblige à la chercher, ni ne garantit son intérêt. Tentons la gageure pour *Les Mains sales*.

Pratique No. 1: *Les Mains sales* et la théâtralité *stricto sensu*

Première, deuxième et ixième lectures de la pièce concordent: il y a refus manifeste, et peut-être délibéré, d'attirer l'attention sur son caractère théâtral. Pourtant les prétextes ne manquaient pas. De trois manières—structure, thématique, langage—elle appelait la théâtralité; il aurait suffi de l'installer. Ainsi, premier appel, on a visiblement affaire à une pièce dans la pièce: l'action présente n'occupe que le premier et le dernier tableau, encadrant cinq autres qui renvoient à un passé éloigné de deux ans et mis en scène à la fois pour les personnages du cadre et pour le lecteur/spectateur. De plus, la partie centrale évoque une tragédie classique en cinq actes, marquée par la fatalité, puisqu'on en connaît déjà l'issue et qu'elle dit seulement le pourquoi et le comment. Mais voici: tout masque le caractère théâtral de cette pièce dans la pièce. Aucune indication qu'elle est jouée comme une représentation scénique; nul jeu de décor, de personnages, d'anachronismes comme dans *L'Alouette* d'Anouilh ou *Saint Joan* de Shaw qui utilisent un procédé semblable. Le séjour de Hugo chez Hoederer a autant de réalité immédiate que son séjour chez Olga; l'insertion dramatique se mue en inversion temporelle. Je gage que le lecteur, *a fortiori* le spectateur, perd de vue la situation du préambule que rien dans ces cinq tableaux ne vient lui rappeler. Mais il y a plus grave: le dernier tableau offre la preuve que la séquence centrale n'a pas été vraiment jouée pour les personnages du cadre. Olga avoue que le Parti a repris l'idée d'Hoederer de s'allier avec le Régent et le Pentagone. Alors Hugo: "Six membres. Et vous avez trois voix." Olga: "Oui, comment le sais-tu?" Hugo: "Une idée. Continue" (VII, 1, 254).[3] Or il cite les paroles d'Hoederer, prononcées au quatrième tableau. S'il y avait eu pièce dans la pièce, Olga les aurait aussi connues. Je doute que pour un effet ironique Sartre se serait payé une incohérence. Il restait une autre possibilité: faire représenter le passé par Hugo non pour Olga, mais pour lui-même et le public: une sorte de théâtre intérieur. Deux scènes sans Hugo rendent cette idée caduque; seul Sartre pouvait les rapporter, et Sartre n'est pas un personnage de la pièce. Bien sûr il s'agit de vétilles, mais le parti-pris est d'autant plus évident; il eût suffi de peu de choses pour avoir une pièce dans une pièce, mais Sartre a choisi de faire dévier cette virtualité vers la technique romanesque du "retour en arrière" à la Balzac: le passé raconté par un auteur omniscient pour faire comprendre le présent. Pas d'allusion au théâtre, pas de théâtralité.

Même stratégie dans l'exploitation du thème de la mauvaise foi. Comment montrer que Jessica et Hugo ne peuvent/veulent vivre authentiquement, qu'ils se réfugient dans le jeu? Solution très simple: on le leur fera dire à eux-mêmes, *ad libitum* ou *nauseam*. Troisième tableau, scène un: en éliminant les échanges badins, voire des synonymes, cela donne le dialogue suivant:

Hugo
On joue ou on ne joue pas?

Jessica
On ne joue plus.

Hugo
Tu veux jouer à la femme d'intérieur?

Jessica
Tu joues bien au révolutionnaire. . . . Je n'y ai jamais joué. On y joue?. . . On joue ou on ne joue pas?

Hugo
On joue.

Jessica
Tu joues. . . . Alors pouce, je ne joue plus.

Hugo
Jessica, je ne joue plus.

Jessica
Je te dis que je ne joue plus.

Hugo
Ha! Ha! Est-ce que je joue?

Jessica
Tu joues?

Hugo
Non, je ne joue pas. . . . On ne peut pas jouer tout le temps.

Jessica
Je vais jouer à être sérieuse.

Hugo
Toi, tu joues à être sérieuse.

Jessica
Tu joues à me croire.

Hugo
Nous n'en sortirons pas.

Cela se passe de commentaires. Mais c'est efficace. Et surtout, quelle source de potentiel ludique, d'usage de théâtralité! Eh bien non: leur verbiage nonobstant, Hugo et Jessica ne font pas de théâtre. Il n'y a pas de rôles soutenus dans leurs jeux, pas d'actes illustrant ces rôles, pas de scènes jouées pour autrui ou soi-même; rien qui tienne d'une pièce ou y fasse penser. Le jeu reste purement verbal, sans embrayage dramatique. Tout se passe au niveau des mots, qui ne renvoient finalement qu'aux fioritures de la littérature. Hugo et Jessica ne s'engagent pas dans la mauvaise foi, ils en parlent. Et ils ne parlent pas de théâtre, tel quel.

Car il faut bien reconnaître que certains mots, pris hors contexte, pourraient évoquer le théâtre, porter un degré de théâtralité. En plus des dérivés innombrables de "jeu" et "jouer," j'ai dénombré huit "comédies," deux "tragédies," un "décor" et un "acteur." Est-ce beaucoup, ou peu? Comment jauger/juger? Question de toute manière académique car, chaque fois, le mot théâtral s'enracine si profondément dans la psychologie de Hugo qu'il perd le pouvoir de suggérer autre chose. Voici un cas typique: Hugo: "Je les regardais fouiller et je me disais: 'Nous jouons la comédie.' Rien ne me semble jamais tout à fait vrai" (III, 5, 117). La généralisation qui suit l'allusion au théâtre détruit sa portée; c'est Hugo qui monopolise l'attention, et non la théâtralité. Deuxième exemple du même processus: Hugo: "Moi, je vivais longtemps dans la tragédie. C'est pour sauver la tragédie que j'ai tiré" (VII, 1, 244). Derechef le théâtre s'identifie à Hugo et s'efface. Ou encore: Hugo: "Tout ça je vous le dis, c'est de la comédie. Et ça aussi c'est de la comédie. Tout ça. Tout ce que je vous dis là. Vous croyez peut-être que je suis désespéré? Pas du tout: je joue la comédie du désespoir. Est-ce qu'on peut en sortir?" (IV, 6, 169). Eh bien, justement, on n'en sort pas: jeu, comédie, tragédie ne traversent pas le huis clos du langage référentiel—tics douloureux de Hugo et non clins d'œil de la théâtralité.

Ce refus de la théâtralité, même quand elle s'offre, étonne peu. Sartre dramaturge a toujours goûté le réalisme; même dans ses comédies (?) il ne joue pas, lui. A cet égard, j'ai enfoncé des portes ouvertes. Je m'y attendais. La théâtralité *stricto sensu*, surtout quand elle fait défaut, tend à confirmer ce qu'on sait déjà. Toutefois la manière dont Sartre l'évite ne manque pas totalement d'intérêt. Que chaque fois le verbal prime sur le théâtral, et le romanesque sur le dramatique, ne peut être un effet du pur hasard. Il faudra vérifier cette impression.

Je poursuis donc l'expérience en ayant recours au second sens habituel de la théâtralité, plus généreux mais tout de même précis: il groupe sous ce terme tout ce qu'une pièce contient de spectacle potentiel, soit: les effets visuels et sonores. Vieille notion qui conduisit Wagner à concevoir l'opéra comme l'art le plus théâtral, car offrant le plus à la vision et à l'ouïe, et qui brouilla naguère Baty et Jouvet, les partisans du théâtre spectaculaire et du théâtre verbal. A l'échelle de cette théâtralité *lato sensu*, *Le Diable et le Bon Dieu* se placeraient bien au-dessus de *Huis clos*; on peut préférer ce dernier. *Les Mains sales* se situent entre les deux. On a vite fait le tour de leur théâtralité (pas besoin d'un sous-titre spécial). Au point de vue sonore, il y a trois explosions—dynamite, bombe et coup de révolver—et des bruits de moteur d'auto; en outre, on frappe beaucoup à la porte. Ce n'est pas énorme. Le visuel s'avère également mince: costumes sobres sauf pour Jessica, décors quelconques de pièces quelconques, lumière normale de jour ou éclairage électrique moyen, une seule scène mouvementée—celle de l'attentat. On pourrait ajouter, en hommage à nos instincts de voyeurs, un certain potentiel d'images érotiques: les personnages passent pour attrayants, et l'on voit un gorille palucher une belle fille. Cela ne suffit pas pour faire de la pièce un grand spectacle. Au reste, les rares éléments spectaculaires tirent vers le superflu. Qu'on élimine deux explosions, qu'on habille Jessica plus modestement— un petit raccord au texte, et personne ne remarquera la différence. Bref, aucune raison de s'y attarder: la théâtralité comme potentiel de spectacle ne joue pas de grand rôle dans *Les Mains sales*. Mais est-ce à dire que tout y repose seulement sur la parole? Peut-on présumer que, hors les effets spectaculaires, il n'y a que le verbe au théâtre? Retrouve-t-on la primauté des mots, suggérée par l'étude de la théâtralité *stricto sensu*?

Bien sûr que non. On bute ici sur l'insuffisance des notions de théâtralité qui découpent dans le théâtre des aspects discrets et contingents, sans vue d'ensemble théorique. Certes, une pièce peut comporter des références théâtrales, mais elle peut s'en passer. Certes, une pièce joue sur des effets visuels et sonores, mais pas comme seuls compléments de la parole; l'espace et tout ce qui l'emplit, le temps et tous ses sortilèges offrent d'autres moyens d'exercer l'art dramatique. *Huis clos* en a fait la preuve. Il se peut que *Les Mains sales* privilégient la parole, mais même si l'on pouvait le démontrer, on ne serait pas très avancé dans la connaissance réelle de sa théâtralité. Quelle théâtralité? Je viens d'en rejeter deux sens, mais pas la notion première, que je vais reprendre à sa source—chez La Palisse—qui est toujours sûr.

Voici donc d'abord la formule banale: la théâtralité c'est ce qui est théâtral. Il suffit d'ajouter: est théâtral ce qui est propre au théâtre seul. Et d'y réfléchir.

Théorie: Pour une sémiotique du théâtre

Que le théâtre ne soit ni de la littérature ni du spectacle, mais les deux ensemble formant un tout plus complexe, me paraît une idée évidente. A ce titre, il se définit comme un art qui utilise deux catégories de signes: d'un côté des mots, réglés par des codes linguistiques, littéraires, culturels; de l'autre, des gestes, des costumes, des couleurs, des tons de voix, etc., réglés par divers codes que je nommerai scéniques, en plus des codes culturels. Cette dualité de systèmes n'est pas cependant unique. On la trouve dans le ballet, la musique, le mime, soit dans tout ce que l'anglais appelle "performing arts," "les arts vivants." Chaque fois il y a texte et représentation, l'élément permanent et sa manifestation éphémère, et passage d'un système à l'autre, où s'exprime la totalité de l'art.

Il me semble aussi évident que c'est le processus de ce passage du texte à la scène qui assure au théâtre sa vraie originalité. Seul entre tous les arts, il transporte, dans le système scénique, l'ensemble des signes du système textuel, avec leurs codes. Les mots qu'on lit deviennent les mots qu'on entend; et s'il y a bien un changement du signifiant—le son remplaçant la graphie—le signifié n'en est pas directement modifié; on décode la parole orale de la même manière que l'écrite.[4] Certes, bien d'autres choses se passent durant ce processus; il est complexe et doit être débrouillé. Mais si la théâtralité exprime ce que le théâtre a d'unique, c'est dans ce passage du texte à la scène qu'elle se trouve, et plus précisément dans la reprise des signes verbaux parmi les signes scéniques.

La praxis me confirme dans cette notion. Comment expliquer autrement que seul le théâtre a reconnu une troublante autonomie à son texte? Les partitions de musique, les notations chorégraphiques n'ont jamais fonctionné indépendamment dans notre société; les pièces écrites ont, depuis longtemps, une audience plus vaste que les pièces jouées. Grâce à Gutenberg, on peut se dire: "J'entends sur la scène des mots, et je perçois un tas d'autres signes; mais je peux lire ces mots, et imaginer les autres signes, qui d'ailleurs changent chaque fois. Le texte me livre l'essentiel, me libère pour l'accessoire, et me revient moins cher." Même dans les écoles d'art dramatique, on étudie donc le théâtre écrit. Or ce raisonnement spécieux, qui fait basculer le théâtre dans la littérature, le réduisant à un genre littéraire, ne s'explique que par le transfert direct des mots du texte sur la scène. La corruption même de la notion du théâtre manifeste ainsi ce qu'il a de plus théâtral, en le déformant.

Car, bien entendu, ce raisonnement est faux, et les signes verbaux ne fonctionnent pas de la même manière dans le texte et sur la scène. Ils participent à l'ensemble du processus sémiotique qui met en jeu la transformation des référents et l'interaction des signes. A cet égard, je me contenterai de présenter trois observations, que je crois nécessaires et suffisantes pour cerner les conditions générales de la théâtralité. Le reste est une affaire de spécialistes.

Première observation: le passage du texte à la scène entraîne une substitution de référents. En effet, dans la perspective théâtrale, les signes textuels renvoient exclusivement aux signes scéniques, le texte à la représentation. C'est un référent toujours virtuel, et à recréer; le renouvellement du théâtre en dépend. Mais chaque représentation, à son tour, présente un ensemble de signes qui appellent un autre référent, situé dans l'imaginaire ou dans la réalité historique. *Les Mains sales* en volume renvoient aux *Mains sales* sur scène, Hoederer ou Hugo à des acteurs jouant Hoederer ou Hugo; mais ces acteurs renvoient à des êtres, ici imaginaires, en dehors de la pièce. Tous les signes de la représentation, y compris les signes verbaux, ont ainsi une double charge sémiotique: d'un côté, en tant que référents du texte écrit, ils portent un sens minimal que l'auteur y a inscrit; de l'autre, en tant que signes scéniques, ils participent au sens que le metteur en scène veut transmettre. Or ces deux sens référentiels ne coïncident pas nécessairement. Ils se rapprochent, lorsque la représentation minimise l'action des signes non-verbaux sur les signes verbaux; ils s'écartent quand cette action s'intensifie. L'espace de ce choix détermine la liberté du metteur en scène et le lieu de la théâtralité; c'est là que le texte devient représentation, que le théâtre renaît. Une pièce théâtrale exploite les ressources de cet espace; elle s'y perpétue en devenant toujours différente.

Deuxième observation: dans leur passage du texte à la scène, les signes verbaux deviennent vulnérables à l'action d'autres signes. Certes, ils conservent leur code. Mais on sait son caractère imprécis, et combien il doit à l'ordre syntagmatique pour écarter la confusion des paradigmes. La transformation des signifiants érode cet ordre: on entend moins exactement qu'on ne lit, et l'on ne peut revenir en arrière. Mais aussi et surtout, le signe verbal sonore ne se produit pas seul, comme l'écrit; il s'agrège nécessairement à d'autres signes qui, par leur présence, peuvent désorganiser, voire annuler le contrôle syntagmatique. Un ton de voix, codé comme interrogatif ou ironique dans son propre système, un geste codé comme dénégation dans le langage du corps, déplaceront ou même inverseront le sens d'un texte porté à la scène. Elle: "Que veux-tu dire?" Lui: "Que je t'aime / Que je t'aime? / Que je t'aime (ironique) / Que je t'aime (signe *non* de la tête)." Cette action ne nie pas toujours la référence du texte; elle peut la confirmer ou renforcer, et avec des intensités diverses. La transformation peut tendre vers zéro, mais elle s'opère chaque fois.

J'irai plus loin: c'est cette transformation qui fournit le ressort fondamental de la théâtralité, son origine et son aboutissement. En lisant une pièce *qua* pièce, on imagine sa représentation; il n'y a donc aucune raison de transformer le sens donné par le code linguistique. On supplée, dans l'imagination, un minimum d'autres signes, les plus neutres et vagues possibles; la parole prime, et son référent pur. Au théâtre, l'effet contraire se produit: la parole s'intègre aux autres signes, et disparaît de la perception comme texte discret. Ce n'est donc qu'au stade crucial de la mise en scène que la parole confronte dynamiquement la voix, les gestes, les costumes, la lumière, de manière à composer un référent nouveau. Le metteur en scène, contrairement au lecteur ou au spectateur, a toutes les raisons de transformer le sens donné par le code verbal: non seulement il ne peut s'en empêcher, il y trouve et puise la justification de son rôle. C'est dans et par ce processus qu'il s'affirme artiste, et qu'il fait vivre l'art théâtral. Sans transformation à ce niveau, une pièce deviendrait telle qu'en elle-même déjà son texte la change; il suffirait donc de la lire. Pour qu'il y ait représentation, il faut qu'elle se prête aux transformations, qu'elle soit théâtrale.

Troisième et dernière observation: la transformation des signes verbaux met en jeu la cohérence du texte. Il se peut qu'il y ait des textes volontairement incohérents; je n'en connais pas. Or cette cohérence se trouve remise en cause dès que d'autres signes s'agrègent aux mots et transforment leur sens. En principe, rien ne dicte la direction ni l'intensité de telles transformations de signes discrets. Mais comme la représentation vise aussi une certaine cohérence, tout changement de sens d'une unité du texte peut entraîner une chaîne d'autres changements plus ou moins considérables. Trois variables entrent en jeu: le caractère de la transformation, plus ou moins radicale et donc influente;[5] le degré de cohérence cherché dans la représentation;[6] et le degré de cohérence du texte, qui seul m'intéresse ici. Un texte extrêmement homogène, construit comme une mécanique où tout se tient et s'emboîte, sans solutions de continuité ni superfluités, exigera la transformation de tous ses éléments si un seul se trouve modifié; inversement, un texte hétérogène, uni par quelque thème général plutôt que par une intrigue serrée, troué temporellement et logiquement, admettra facilement des transformations partielles. La liberté du metteur en scène pourra s'exercer sur un bien plus grand champ de théâtralité dans ce cas. Pour un texte très cohérent, au contraire, à moins de verser dans une transformation totale, c'est-à-dire la parodie (comme faire des *Mains sales* une comédie), ou dans la négation totale du sens référentiel de la parole (comme dans le *Cid* de Grotowski), il s'impose d'imiter l'intention textuelle, faire tendre les transformations au niveau zéro, bref soumettre le spectacle à la littérature, aboutissant à cette "mort du théâtre" dénoncée par Peter Brook.

Fin des observations et de la théorie, que je résume: la théâtralité d'une pièce, c'est son potentiel de transformations sémiotiques. Il dépend du degré de cohérence du texte et de l'usage du code linguistique. La théâtralité se manifeste quand on passe du texte à la scène—processus qui engage la liberté artistique du metteur en scène. En voilà assez. Je reviens aux *Mains sales* et repose la question: dans quelle mesure est-ce une pièce théâtrale?

Pratique No. 2: *Les Mains sales* et la théâtralité sémiotique

Paramètre cohérence: je n'hésite pas: tout se tient merveilleusement dans le texte: structure, dialogue, personnages, intrigue. Je ne trouve rien en creux. Reprenons la construction. Le gambit refusé de la pièce dans la pièce dissimule une série d'ordres formels: celui d'un argument d'école—d'abord une introduction, puis la discussion, et une conclusion à la fin; celui d'une temporalité sans trous—les cinq tableaux du milieu remplissant à la minute l'écart de durée entre le premier et le dernier; celui d'une causalité sans défaut et sans excès—il faut tout le passé pertinent pour comprendre tout le présent présent. Certaines données sortent du cadre de la pièce; qu'à cela ne tienne, Hugo se charge de les repêcher: ses années d'enfance, ses années de prison. Rien ne manque. En rabiot, il propose aussi à la pièce une apparente unité du point de vue; présent dans presque toutes les scènes, son ubiquité fonctionne comme le "je" du narrateur d'un récit. Donc macrostructure cohérente, que la microstructure des dialogues renforce, étaie tout au long du texte. Le procédé n'a rien de nouveau: *bis repetita* non seulement *placent*, mais placent et lient en plaisant. Inutile, et oiseux, de citer toutes les répétitions ou renvois. Je rappelle l'insistance du jeu du "jeu" de Jessica et de Hugo, au reste inoubliable, et la reprise des paroles d'Hoederer par Olga et Hugo; il y en a d'autres. Ils forment comme un système d'arcs-boutants qui soutiennent l'architecture dramatique, et témoignent de ses nervures. Au total, un ensemble cohérent impressionnant.

Idem pour l'intrigue, quasi mathématique dans ses dédoublements. Où est le ressort dans la séquence au présent? Dans l'incertitude si Hugo sera tué ou non. Où est le ressort de la séquence du passé? Dans l'incertitude de la façon dont Hoederer sera tué. Mieux: dans les deux séquences c'est Hugo qui décide, qui tue ou se fait tuer. Mieux encore: sa décision de se laisser tuer coïncide avec sa décision de tuer Hoederer: à la fin du présent, il accomplit enfin consciemment l'acte qu'il avait raté en tant qu'acte conscient à la fin du passé. Le dédoublement se résorbe en l'unité d'un Crime et Châtiment instantané et existentiel: quand le coupable devient responsable, il expie/expire. Symétrie géométrique, que je pourrais multiplier, toujours selon le même schéma, quasi pascalien, où le binaire se résout dans l'unité: deux femmes qui aiment Hugo et le trahissent à l'unisson; deux objets de sa jalousie qui s'annulent en même temps; deux motifs à son acte, qui s'unissent dans l'acte. Mais tout cela m'amène à la trame politique, également cohérente. La stratégie d'Hoederer est tellement logique que ni Karsky ni le Prince, ni par un dédoublement secondaire, Louis et ceux qu'il écoute, ni le lecteur/spectateur ne peuvent y échapper. Hoederer a absolument raison; et, par rapport à sa position, tous les autres éléments de l'action se disposent avec rigueur: louables ou condamnables, donc positifs ou négatifs, un peu, beaucoup, passionnément ou pas du tout, mais chacun bien à sa place, sans qu'on puisse l'en déloger, sans ambiguïté. Et sans mystère, chaque personnage expliquant en détail les raisons de son attitude, ajoutant une dimension interne à la cohérence externe des actes.

En général, on s'explique abondamment dans le texte, selon les meilleures traditions de l'Europe de l'Est. Bien sûr, Hugo y excelle, puisqu'il en a besoin: l'autobiographie fait partie de son personnage. Mais voici Slick:

Quand on la saute, mon pote, c'est pas avec sa tête qu'on pense. C'est vrai que je voulais que ça cesse, bon Dieu oui. Rien qu'un moment, un petit moment, pour pouvoir m'intéresser à autre chose. A n'importe quoi d'autre que moi. Mais ce n'était pas du respect de moi-même. (III, 3, 97)

Un gorille qui philosophe, il fallait le faire. Pourtant ce qu'il dit ne jure pas avec son comportement, ni avec ce que les autres pensent de lui. De même, les confessions plus discrètes de Jessica, Olga ou Hoederer ne sont pas "de trop," mais seulement "en plus"; comme pour Hugo et Slick, il y a cohérence avec le personnage. Rien de sorcier à cela, vu que le personnage des *Mains sales* est essentiellement un stéréotype, soit la somme d'un petit nombre de traits qui s'agglomèrent naturellement dans le code culturel: femme-objet érotique, frigide mais excitée par un homme supérieur; femme-révolutionnaire, indépendante mais tendre du cœur et des sens; prolétaire rude et soupçonneux mais dévoué à la cause; petit bourgeois à problèmes; apparatchik; et le vrai héros chez qui tout est vrai: le plus intelligent, le plus énergique, le plus séduisant, cynique mais généreux, pratique mais idéaliste; un rôle pour Clark Gable dans un western. Le texte prescrit donc pour la révolutionnaire une robe noire, pour l'objet érotique des vêtements sexy, pour le prolétaire une carrure solide, pour le héros de belles mains. Il leur attribue des langages différenciés, chacun s'exprimant comme il sied à son type. Et agissant de même car, en bonne cohérence dramatique, le comportement de chaque personnage correspond au cliché qu'il incarne: Olga lance une bombe, Jessica s'offre à Hoederer, Louis fait éliminer ses adversaires, Hugo parle et Hoederer, quand il fait du café, rend la cafetière plus vraie. Hasard? Que non! Le texte qui pare à tout en donne lui-même la clef: c'est le passé, la situation de classe ou des complexes élémentaires qui ont tout déterminé. Derechef tout se tient, et rien ne peut être altéré sans faire crouler l'ensemble.

Peu de place donc pour la théâtralité. L'usage de la langue ne lui donne pas plus de chance. Que Sartre sache jouer admirablement des ressources du code linguistique, on le sait; mais son jeu dans *Les Mains sales* n'est pas du tout poétique dans le sens de *Qu'est-ce que la littérature*. Pas qu'il soit totalement prosaïque, les mots n'étant pas toujours transparents; mais quand ils accrochent au passage, ils ne masquent pas le sens, mais le renforcent par leurs connotations. On goûte les fautes de syntaxe de Slick, son vocabulaire argotique parce que cela souligne son caractère prolo; on remarque et apprécie les pirouettes verbales de Hugo parce que, dirait La Verdure, c'est tout ce qu'il sait faire. En fait, cependant, tous ces langages particularisés ne dévient pas de la norme du code, ne deviennent jamais problématiques. Quand Slick omet le *ne* ou dit *pote*, quand Hugo compare Slick à une baleine, avec une noisette dans la boîte crânienne, ils restent parfaitement compréhensibles; aucun doute quant au référent. Même aux moments de passion, politique ou personnelle, le sens contrôle la parole; tout passe au niveau de la compétence moyenne. Le souci de la précision va même plus loin, dans le cas des mots qui ne sont pas opaques mais, au contraire, trop ouverts vers les grands espaces paradigmatiques, et qui cependant se recommandent par leur fonction rhétorique de clichés—"intellectuel," "bourgeois," "confiance," "trahison," etc. Que veulent-ils exactement dire? Le texte se substitue au dictionnaire pour préciser leur sens. Voici, par exemple, le "respect de soi-même" que Hugo défend et que Slick dénie; parlent-ils de la même chose? A peine une équivoque s'esquisse, qu'Hoederer (lui, toujours lui) lui fait un sort. A Slick: "Ça prouve que tu voulais ta bouffe et un petit quelque chose en plus. Lui, il appelle ça le respect de soi-même. Il faut le laisser dire. Chacun peut employer les mots qu'il veut" (III, 3, 96). Oui, mais à condition que le lecteur/spectateur sache exactement leur nuance. La langue des *Mains sales* n'invite ni les transformations sémiotiques, ni la théâtralité; c'est une forteresse du verbe qui cherche à se protéger—contre quoi?

Je conclus, la mort dans l'âme: *Les Mains sales* n'est pas une pièce très théâtrale au sens sémiotique. Partant, une des prémisses du paradoxe se clarifie: l'absence des *Mains sales* sur la scène traduit l'absence de la théâtralité dans *Les Mains sales*. Pourquoi re-présenter une pièce, si on ne peut la renouveler? En revanche, on peut très bien la relire, et continuer à l'admirer. Car le succès des *Mains sales* il y a trente ans s'explique, justement, par ses qualités anti-théâtrales: sa cohérence, sa précision. C'était, c'est toujours, une pièce efficace, dramatique, une formidable machine de guerre lancée par Sartre contre la mauvaise foi. Il n'y a pas de paradoxe, mais le prix payé pour une pièce trop bien faite. Au reste, le sort des *Mains sales* ne devrait pas déplaire à Sartre. Une clôture du verbe s'ouvre à la lecture, et il y a plus de lecteurs potentiels que de spectateurs. Et quel soulagement de savoir que le sens projeté ne bougera pas, qu'une mise en scène partisane ne pourra le trahir. *Les Mains sales*? Un projet que Sartre garde dans ses propres mains.[7]

NOTES

1. La première représentation a eu lieu à Paris, au Théâtre Antoine, le 2 avril 1948, avec André Luguet dans le rôle d'Hoederer et François Périer dans celui de Hugo.

2. Il y a eu des reprises des *Mains sales* depuis 1948, en France et plus encore à l'étranger. Mais à ma connaissance nulle n'a tenté de renouveler la pièce; nulle n'a été un événement théâtral. Des raisons politiques, commerciales, personnelles peuvent dicter des reprises qui ne sont que cela: des répétitions du même. Ce n'est pas là que le théâtre vivant se reconnaît.

3. Cf. Jean-Paul Sartre, *Les Mains sales* (Paris: Gallimard, 1948). Les citations seront identifiées par tableau, scène et page de cette édition.

4. Certes, le rapport entre les notes d'une partition et les notes jouées entend le même passage du graphique au sonore; mais ici le signifié bouge aussi, mettant en jeu un code différent où harmonies et discordances se déchiffrent dans un système sémiotique musical différent du système de notations.

5. Par exemple, lorsqu'un signe discret se trouve entièrement inversé, le souci de cohérence exige des transformations radicales des signes associés; en revanche, une transformation minime, qui ne fait que renforcer le sens du signe verbal, n'affecte pas la cohérence textuelle et peut donc se produire seule.

6. Le problème de la cohérence de la représentation présente les mêmes difficultés que celui de la cohérence du texte. Peut-on offrir des signes qui renvoient à un référent incohérent? En théorie, oui, mais c'est piéger le principe même du processus sémiologique, puisque l'identification du référent devient incertaine s'il y a trop d'incohérence. Pratiquement, il s'agit donc plutôt de degrés de cohérence de la représentation, comme pour le texte.

7. On me dit, cependant, que Sartre considère *les Mains sales* comme celle de ses pièces qui lui aurait le plus échappé. C'est possible. Mais cela renforce plutôt le sens de ma conclusion. Car Sartre théoricien voulait que son œuvre se détache de lui et s'offre à la liberté des autres—lecteurs, spectateurs, mais aussi metteurs en scène; c'est parce que *Les Mains sales* rejettent cette liberté, qu'elles lui échappent. Mais il y a plus (ou une autre manière de voir la même chose): apparemment Sartre aurait voulu, du moins après coup, que le sens de la pièce demeure un peu ambigu, surtout sous l'angle politique. Or sa cohérence est si forte qu'elle rejette la possibilité d'équivoque. *Les Mains sales* ont peut-être échappé à Sartre en lui restant trop fidèles.

Wladimir Krysinski

Sartre et la métamorphose du cercle pirandellien

Le texte théâtral moderne se définit entre autres choses comme dépassement de la problématique psychologique du personnage. C'est elle, cette problématique bourgeoisement fidèle aux réflexes viscéraux du dramaturge dit moderne—que ce soit Ibsen, Strindberg, Hauptmann, Schnitzler ou Pirandello—qui va se briser sur la scène non pas du monde, mais du salon bourgeois. Là s'épuiseront le dialogue et la gesticulation du personnage en tant que théorème de la démonstration théâtrale de l'inexprimable et du psychologique. Celui-ci se manifestera comme le définitivement exprimé. Il aura la forme, le contenu et la symbolique de *Huis-clos*. Le lieu théâtral de cette pièce est un parachèvement infernal du paradis répétitif du théâtre psychologique qu'Antonin Artaud et Witkiewicz voudront exorciser à leur façon, mais auquel Sartre tordra le cou non par le truchement de la cruauté, de la peste, de la métaphysique ou de la forme pure, mais simplement en ayant recours à la bonne vieille métaphore et à la bonne vieille métonymie. L'enfer civilisé de *Huis-clos*, fonctionnant comme métaphore cruellement aimable de l'existence terrestre, règle avec brio et simplicité poétique la question du sens de l'existence humaine. Le salon bourgeois, c'est la métonymie de la mort quotidienne, de la vie gluante, d'une partie quotidienne de ping-pong où les partenaires se renvoient perpétuellement la balle de l'en-soi pour en faire le garant de leur propre sécurisation. Ce théâtre de situation donne à réfléchir sur le théâtre tout court. Tel qu'il se change en son contraire, l'intertexte et l'idéologème auxquels renvoie *Huis-clos* permettent de saisir l'un des versants de la dynamique du théâtre moderne ainsi que l'importance du discours de Sartre qui se constitue en dépassement dialectique, en une *Aufhebung* du théâtre psychologique. L'enjeu sémiotique de *Huis-clos*, c'est la force post-dantesque d'une métaphore ainsi qu'un brouillage ou plutôt une combinatoire de codes. Car si codes il y a dans *Huis-clos*, ceux-ci fonctionnent avant tout allusivement, par des tierces structures pour ainsi dire, et deviennent instruments d'une maïeutique du spectateur qui, au moment où nulle Margot n'essuiera de larmes, dira: ici on a enfin brûlé vive la psyché informe du personnage psychologique.

Pour le démontrer, nous prendrons Pirandello comme modèle d'une intertextualité qui projette immédiatement *Huis-clos* dans un espace relationnel. Cet espace peut être défini comme champ sémiotique et sémantique où certaines structures sont particulièrement privilégiées. Elles peuvent être vues comme tenseurs de l'espace intertextuel où vont se jouer les saturations respectives des grandes catégories de la mimésis: personnage, fable dramatique, action, dialogue, psychologie. On verra que leurs fonctions ne se perçoivent pleinement que par rapport à une vision globale et structurée du théâtre dit moderne. Cette vision implique la mise en relation de la mimésis et de l'anti-mimésis, de l'individuel et du social, du psychologique et du textuel, du subjectif et de l'intersubjectif, de la représentation et de la théâtralité. En choisissant quelques textes parmi les plus représentatifs du théâtre moderne, comme *Mademoiselle Julie* et *La Sonate des spectres* de Strindberg, *Six Personnages en quête d'auteur* de Pirandello, *Les Mamelles de Tirésias* d'Apollinaire, *La Mère* de Witkiewicz et *Mère Courage* de Brecht, on peut construire une intertextualité et montrer comment les grandes catégories de la mimésis acquièrent des fonctions spécifiques tout en étant dépassées, soumises à la négativité interne et externe qui régit le texte évolutif du théâtre moderne. Notre démonstration relèvera précisément d'une construction de l'intertextualité dans l'espace de l'opposition et de la continuité qu'on peut postuler entre Pirandello et Sartre.

Le nom de Pirandello n'apparaît pas gratuitement dans le champ textuel et théâtral sartrien.[1] Il semble que Sartre n'ait pas été indifférent à l'importance du phénomène Pirandello ou de ce qu'on pourrait appeler "effet Pirandello." Pirandello fonctionne incontestablement comme un des horizons de l'attente[2] les plus importants du théâtre moderne, aussi bien entre les deux guerres que dans l'immédiat après-guerre. Pirandello est dans l'air et, au dire de Georges Neveux, tous les dramaturges modernes importants sont sortis du ventre de *Six Personnages*.[3] Si tel est aussi le cas de Sartre, du moins partiellement, essayons de voir comment *Huis-clos* marque précisément la mise en pratique textuelle et le dépassement du pirandellisme.

C'est B. Dort qui a probablement le mieux saisi la concrétisation et le fonctionnement du théâtre de Pirandello dans l'espace théâtral français; en définissant, à propos de la dramaturgie d'Adamov, le modèle établi par Pirandello qu'il appelle le "cercle pirandellien," Dort y voit une des "figures centrales de la dramaturgie contemporaine":

> Les personnages sont enfermés dans une situation donnée longtemps à l'avance et ils ne cessent de jouer entre eux cette situation, en épuisant toutes les possibilités mais sans réussir à en sortir, à inventer quelque chose de nouveau, dans un rabâchement qui n'a d'autre issue que la mort, à moins qu'il ne soit déjà cette mort elle-même. La pièce n'est plus alors qu'une seule scène que l'on joue et rejoue à satiété.[4]

Ainsi comprise, cette figure du cercle peut être considérée comme structure matricielle et comme point de repère du théâtre de Sartre, du moins en ce qui concerne *Huis-clos* et *Les Séquestrés d'Altona*. Le cercle pirandellien envisagé dans cette perspective permet d'articuler la fonction et le sens évolutifs des structures suivantes: personnage, situation scénique, dialogue et représentation théâtrale, le tout étant pris au sens d'une re-représentation de la subjectivité et de l'intersubjectivité, de l'individuel et du social.

Dans le but de saisir et d'articuler sémiotiquement tous ces éléments, prenons comme concept opératoire de base ce que Bakhtine appelle *chronotope*, c'est-à-dire "l'interrelation fondamentale des rapports temporels et spatiaux." En empruntant ce concept à la théorie de la relativité, Bakhtine insiste sur le fait que dans le chronotope l'espace et le temps sont inséparables et que le temps fonctionne comme quatrième dimension de l'espace. En outre, pour Bakhtine le chronotope constitue une catégorie littéraire formelle et thématique:

> Les signes du temps sont présents dans l'espace et l'espace acquiert son sens et est mesuré dans le temps. C'est précisément ce croisement des deux ordres ainsi que l'union de leurs signes qui caractérisent le chronotope artistique.[5]

Le théâtre de Pirandello ayant été défini comme théâtre du miroir (*teatro dello specchio*), comme dramaturgie cérébrale et de la dissolution du moi, il est significatif que le temps subjectif y véhicule l'espace désarticulé. Leur interrelation est marquée par l'entrée en jeu d'un personnage à dominance monologique dont le temps est à la fois épiphanique, pulsionnel et traumatisant. Il est épiphanique car le miroir, "lo specchio," et ce que Pirandello appelle "sentimento del contrario"[6] structurent l'intrigue comme débrayage temporel qui permet au personnage de marquer la disjonction:

	avant	vs	maintenant
et			
	ailleurs	vs	ici

L'énonciation du personnage emblématique pirandellien est soustendue par la révélation d'un état de choses que le personnage ne peut plus tolérer ou bien qu'il ne peut plus accepter comme masque quotidien. Le temps immédiat de l'énonciation du personnage épiphanise un lieu psychique confus, verbalisé sous forme de plainte, d'accusation et d'insistance.

Ce même temps épiphanique est également pulsionnel. Si l'épiphanie du monologique projette le personnage sur une scène où il devient porteur d'un discours argumentatif, persuasif, agressif, para-philosophique, cette épiphanie n'en révèle pas moins le fait que les personnages sont mus par des pulsions. Les situations dialogiques du Père (*Six personnages*), d'Henri IV et de Roméo Daddi (*On ne sait comment*) révèlent le travail de la dyade pulsionnelle: vie // mort qui sémiotise le moi et l'autre posés dans le rapport de disjonction du désir. En ce sens, on peut dire que derrière la violence ou la rhétorique cérébrale des personnages pirandelliens se profile continuellement *l'autre scène,* "der andere Schauplatz," scène primitive et scène du désir débouchant sur le conflit entre principe de plaisir et principe de réalité.

Le dialogue pirandellien étant structuré comme focalisation du dialogique sur l'instance monologique, celle-ci a pour fonction de révéler la hiérarchie dramatique des temps narratifs et discursifs. Ainsi, le Père, Henri IV et Roméo Daddi, pour ne mentionner que ces personnages, révèlent un autre trait sémique du temps: la traumatisation. Ce trait renvoie à un "jadis," à un "avant," posé comme instant éternel, "momento eterno," selon la formule du Père dans *Six personnages*.[7] Ce temps traumatisant s'insère dans le discours et la situation scénique comme force et comme facteur d'affect. Le personnage pirandellien doit en assumer le poids, s'en débarrasser ou y persister. Le temps traumatisant, c'est la ponctualité d'un geste, d'un événement ou d'une situation qui change le flux vital en forme inerte, ou, pour l'exprimer en termes sartriens, transforme le pour-soi en l'en-soi.

C'est dans *Henri IV* que le chronotope pirandellien est le plus structuré et qu'il met en évidence l'interdépendance des trois caractéristiques: épiphanique, pulsionnel, traumatisant. Le personnage de cet aristocrate italien qui porte le nom fictif de l'empereur d'Allemagne Henri IV, est acteur et protagoniste des trois temps et d'au moins deux espaces. En effet, le temps traumatisant révèle l'espace de la fiction historique que la scène doit reproduire. Mais le temps épiphanique et le temps pulsionnel renvoient à l'espace somatique du personnage, à son corps projeté sur la scène comme signe de pulsions et agent de l'épiphanie de la vengeance. Ce sont le corps et le discours du personnage qui opèrent une transmutation de la scène décorée en un lieu immédiat de la discursivité épiphanisante et pulsionnelle. L'espace acquiert ainsi une valeur relative et complexe, celle d'un locus où s'entremêlent le confort aristocratique et la fiction historique, le masque et la folie. Le cercle pirandellien se boucle dans cette pièce par le retour à la fiction individuelle que l'ordre social accepte au détriment de la subjectivité réelle.

Si nous admettons que le cercle pirandellien est une méta-isotopie sémiotique centrale de ce théâtre, nous devons en signaler les conséquences chronotopiques. Le cercle pirandellien est une figure structurale et thématique qui met en évidence la relativité de l'espace scénique. Dans la mesure où le texte pirandellien se construit à la fois comme dislocation des codes de la mimésis aristotélicienne, tels que celui de l'auteur, de l'œuvre, des personnages et de l'action, et comme domination du code idiosyncratique du personnage monologique, ce texte même présuppose une disjonction structurante qu'on peut formuler ainsi:

polydimensionnalité sémantique du temps	vs	inadéquation de l'espace scénique

Du fait que le discours du personnage renvoie à l'événement traumatisant, à la pulsion et au masque, le temps sémantiquement analysable, bien qu'il se laisse décomposer en couches fonctionnelles par rapport au dialogue et à la situation scénique, n'est qu'une catégorie immédiate qui résorbe l'éclatement et le clivage du moi du personnage. Ainsi, le cercle pirandellien, tout comme la situation dialogique et discursive dominée par l'inachèvement, l'insistance et la répétition, révèle continuellement la non-représentativité du lieu d'où parle le personnage. L'espace du cercle est un espace changeant, polymorphe, mais non représentatif et foncièrement a-chronique par rapport aux affects et aux fantasmes du personnage. L'espace reste tout juste fonctionnel dans la mesure où il est support de la présence du personnage. Il est nominalement qualifié mais il présuppose toujours une autre scène de l'a-représentativité à laquelle achoppe le discours du personnage. Pirandello désarticule et fait éclater la scène et le lieu topographique d'où parle le personnage. C'est, dans *Henri IV*, le salon bourgeois travesti en château impérial; c'est, dans *Six personnages*, la scène et la salle du théâtre devenues lieu relatif et foncièrement inadéquat par rapport à la topique des fantasmes qui ne peuvent s'accorder et atteindre à une représentation scénique; c'est, toujours dans la même pièce, le bordel déguisé en maison de Madame Pace; c'est, dans *On ne sait comment*, le salon bourgeois hanté par un intrus, Roméo

Daddi; c'est, dans *Chacun sa vérité*, le modeste salon bourgeois où la furie et l'obsession de l'identité s'emparent des personnages. Dans tous ces lieux agonise le théâtre dialogique et psychologique. Il y agonise en tant que fonctionnalité réflexive et représentative des signes de la mimésis. La disjonction du temps et de l'espace s'ouvre sur un vide scénique, une absence topographique.[8] Le cercle pirandellien thématise de façon quasi systématique, et par conséquent, quasi-sémiotique, la relation canonique: "je" vs "tu," "où l'autre constitue une structure de désir et de provocation. Cependant, Pirandello ne semble tirer aucune conséquence sémiotique du fait que l'autre, c'est-à-dire "tu," fait partie intégrante du "je" et que la subjectivité non perturbée qui se regarde dans le miroir de son ipséité est un leurre. C'est la nostalgie mimétique d'un moi pur, non masqué, non agressé par l'autre. Aussi le théâtre pirandellien est-il le reflet fidèle d'une indécidabilité dramatique, d'une situation discursive embarrassante où circulent des formules gnomiques, brillantes et répétitives, mais où l'espace scénique n'est plus en mesure de soutenir adéquatement la complexité du temps subjectif du personnage. Jamais la tension ontologique entre le "je" et le "tu," entre le "moi" et "l'autre," ne sera résolue dramatiquement par Pirandello. En posant discursivement le problème du masque, le dramaturge recule devant une solution scénique susceptible de l'intégrer à un jeu théâtral qui hausserait l'artifice et l'individu dans le rôle de l'autre au rang de supports d'une théâtralité nouvelle, fondée sur la sémiotisation de l'inauthenticité humaine. En prenant *Cosi è (se vi pare)* comme exemple de la représentation du rapport humain autonome, déterminé par la tension réciproque entre les personnages posés comme masques, Karl Löwith montre avec juste raison que Pirandello crée dans cette pièce un monde clos et que de cette façon il affaiblit l'impact de sa démonstration. Il tourne le dos à l'historicité du monde réifié des masques.[9]

Le cercle pirandellien se trouve ainsi sous-tendu par une vision aporétique de l'individu. La circularité dialogique se résout en un jeu d'oppositions qui problématisent le rapport: "moi" vs "l'autre" sans l'investir d'un contenu sémantique spécifique qui le projetterait dans le temps et dans l'espace scéniques devenus signes d'un dépassement dialectique des oppositions:

vie	vs	forme
masque	vs	visage
moi	vs	l'autre

Le théâtre pirandellien marque une étape importante dans l'histoire du théâtre moderne. La position de Pirandello étant principalement subversive, elle opère une destruction du récit dramatique, une disjonction significative entre, d'une part, le personnage vu comme non-identité et comme force élocutoire et, d'autre part, l'espace scénique au caractère indéterminé. En donnant avant tout à l'action scénique la dimension verbale de l'action parlée, Pirandello utilise la structure heuristique du dialogue pour mettre en relief l'inégalité obsessionnelle des forces psychiques et pulsionnelles qui départagent les personnages en deux catégories: ceux qui accusent et ceux qui sont accusés. Pirandello ouvre ainsi une percée en direction du théâtre théâtral. En laissant le théâtre au stade de la négativité subversive, Pirandello se soustrait à la symbolisation et à la sémiotisation d'une situation où le chronotope fonctionne comme circularité, comme choc des temps individuels et comme recherche d'un lieu scénique qui pourrait accueillir ces temps et en faire l'objet d'un geste sémiotique dialectique.

Le point de départ de *Huis-clos* peut être vu comme la reprise du cercle pirandellien mais selon des paramètres sémiotiques et symboliques différents. Si la représentation pirandellienne de l'a-représentativité du lieu psychique du personnage repose sur une dislocation des codes référentiels,[10] Sartre mise en revanche sur la re-localisation des codes référentiels et méta-référentiels. Les premiers restituent aux personnages scéniques leur *ethos* et leur *dianoia*—au sens aristotélicien de "ligne de conduite" et de "pensée"—pour les situer dans l'action. Les codes méta-référentiels prennent en charge la symbolisation du récit scénique qu'ils projettent dans un lieu interprétatif complexe où la communication se joue sur l'axe: auteur → spectateur. Ce que nous appelons codes méta-référentiels peut se définir comme inscription orientée et quasi contraignante de commentaires préalables au récit scénique. Ces commentaires sont disponibles pour le lecteur ou le spectateur de *Huis-clos* en tant que mythe et en tant que discours philosophique sartrien.

Les codes méta-référentiels se divisent donc en deux codes principaux que nous désignerons respectivement: code mythologique et code philosophique. Le code mythologique oriente le déchiffrement du lieu scénique vers l'espace infernal. Le code philosophique permet au lecteur de déchiffrer les rapports entre les personnages conformément à la thématisation philosophique du problème de l'Autre dans *L'Etre et le néant*. Si ces deux codes rendent possible l'interpétation paradigmatique du texte, ils ne garantissent pas pour autant l'univocité de *Huis-clos* comme organisation textuelle syntagmatique. En lisant le texte de Sartre, on s'aperçoit en effet que le développement progressif du récit scénique, tout en distribuant les signes de ces deux codes méta-référentiels, fonde un autre code qui lui est propre et qu'on ne saurait appeler autrement que code herméneutique.[11] Sa fonction est retardataire et narrative, d'une part; de l'autre, elle est cognitive. En tant que facteur du retardement fonctionnel de la narration scénique, le code herméneutique organise le comportement des personnages et la symbolique de l'espace scénique comme énigme et ambiguïté. La fonction cognitive de ce même code sous-tend la projection paradigmatique des sémèmes: "enfer" et "l'autre" sur l'axe syntagmatique du récit scénique.

On voit que l'interprétation de *Huis-clos* est un pari sur la combinatoire de ces trois codes ainsi que sur leur corrélation avec les codes référentiels qui explicitent la narrativité des récits individuels de chaque personnage. Cette opération peut s'accomplir grâce au déchiffrement de quelques *herméneutèmes*[12] auxquels le lecteur achoppe sans pouvoir en trouver immédiatement les solutions. Nous allons analyser deux des principaux herméneutèmes qui structurent la lecture et l'interprétation de *Huis-clos*. Nous les situerons dans le déroulement syntagmatique du récit scénique.

Premier herméneutème: le titre *Huis-clos* est un titre scriptible; il n'est pas lisible; ou plutôt, sa lisibilité présuppose un champ connotatif multiple: juridique, narratif, mythique, psychologique, symbolique, philosophique. Le dévoilement de ce champ est progressif et simultané. Il implique un jeu de perspectives auquel est soumis le lecteur ou le spectateur qui ne pourra sortir vainqueur qu'au prix d'une mise en relation dialectique des codes que nous avons énumérés. Dans le déroulement syntagmatique du récit scénique, le huis-clos du titre est projeté sur l'axe spatio-temporel où se superposent les différents contenus sémantiques connotatifs. Le chronotope sartrien organise un élément capital et nouveau par rapport au cercle pirandellien, celui de la perspective polyvalente. Perspective et non pas uniquement choc des points de vue divergents. Dans son analyse spatiale de *Huis-clos*, Michael Issacharoff remarque:

> L'analyse de la dynamique spatiale de *Huis-clos* révèle toute une série de dualités, que ce soit au niveau de l'action, à celui de la spatialité, des personnages, de la temporalité. De telles dualités correspondent à une dialectique qui est le noyau même du chef-d'œuvre de Sartre.[13]

Ce que nous avons appelé la "perspective polyvalente" fait ainsi converger cette série de dualités vers la fonction cognitive du code herméneutique. L'espace et le temps sont organisés chronotopiquement de sorte qu'ils se laissent subsumer sous une seule et même catégorie, celle de l'enfer. Celui-ci est spatialement différencié et compartimenté. Il est cosmopolite par excellence, mais il est en même temps réductible au rétrécissement interhumain, à l'espace inter-relationnel, à la présence spatiale de personnages qui assument le rôle de méta-acteurs d'une comédie post-divine. La symbolisation spécifique de l'espace neutralise la division entre "ici" et "ailleurs." A un premier niveau qui est celui du récit scénique et des signes iconiques du décor, l'espace est topique et il opère une rupture, bien analysée par Michael Issacharoff, avec l'espace hétérotopique.[14] Cependant, du fait que le récit scénique englobe symboliquement le récit pré-scénique, c'est-à-dire les récits successifs des trois personnages, l'espace hors-scène qui est évoqué s'identifie axiologiquement à l'espace topique. Cet espace référé par une évocation orientée dans le sens de l'enquête sur la culpabilité de chaque personnage, est tout aussi infernal puisqu'il est peuplé par les autres. Il est identique à l'espace scénique dans la mesure où "les autres des autres" ont été et restent les trois protagonistes unis dans le "nous" immédiat du lieu scénique.

On peut poser qu'en vertu de sa contrainte symbolique, l'espace de *Huis-clos* subit une topicalisation radicale.[15] Les oppositions entre "ici" et "ailleurs," entre "englobant" et "englobé," tendent à se supprimer, pour autant que la présence conflictuelle de l'humain rende l'espace infernal. Par rapport au cercle pirandellien, cette topicalisation de l'espace est le dénominateur commun qui définit la relation canonique suivante: "je" vs "tu" ou "moi" vs "l'autre." Elle devient le lieu d'une intersubjectivité agressive et privative; elle qualifie l'espace humainement et non topographiquement, en fonction de signes évocateurs de statuts sociaux. Ces signes seront secondaires face aux corporéités matérielles des personnages. A l'espace éclaté de Pirandello, espace qui cherche son dénominateur commun dans le lieu de la représentation, Sartre oppose l'espace clos, réductible à l'évaluation et à l'actualisation infernales d'une certaine praxis humaine de l'espace. Sartre opère par là même un déplacement important dans la thématisation dramatique de l'autre. Ce que Pirandello pose comme répétition et répétitivité des masques dans le contexte aporétique des subjectivités en conflit atteint chez Sartre au statut d'inséparabilité et d'aliénation irrécupérables, irréductibles, sauf dans l'espace d'un autre théâtre, un théâtre libéré de l'encombrement des autres.

Examinons maintenant le deuxième herméneutème du texte sartrien. Appelons-le la relation: vie vs post-vie, qui, dans la perspective scénique de *Huis-clos*, se définit comme opposition spatio-temporelle: post-mort vs ante-mort. En fait puisque le récit scénique se joue dans l'espace immédiat de la temporalité fictive du *post-mortem*, cette opposition spatio-temporelle a, elle aussi, une valeur symbolique. On verra qu'elle narrativise une boucle thématique: vie ⟷ mort ⟷ post-mort, dont le sens est double et interchangeable car le *post-mortem* est axiologiquement identique à l'*ante-mortem*. L'orientation symbolique de Sartre est une opération sémiotique qui vise à rendre dramatiquement viable et cognitivement effective l'interprojection réversible de la vie dans la mort et de la mort dans la vie.[16]

Le jeu perspectiviste temporel converge lui aussi vers une qualification axiologique du temps humain, vécu et ressuscité dans la perspective de l'interaction humaine. Si le temps humain est ainsi rendu infernal, c'est parce qu'il est fonction de l'espace et que cet espace est compris comme un tourment quotidiennement apprivoisé et chaque fois re-vécu sur le même mode intersubjectif.

La structure vie vs post-vie peut être ressentie par le lecteur comme herméneutème dans la mesure où l'état de mort est pour ainsi dire vitalement thématisé. Il est l'enjeu principal et le ressort dramatique essentiel du texte de *Huis-clos*, mais il n'est pas pour autant visé comme image de l'enfer extra-terrestre. Tout au contraire, la narrativité qui sous-tend le temps scénique du comportement inter-humain et la narrativité qui structure les récits individuels du hors-scène sont foncièrement homologues ou, si l'on préfère, isomorphes. Le lecteur doit ainsi trouver le sens de cet isomorphisme. Dire que ces deux perspectives temporelles sont isomorphes, c'est supposer l'existence d'une persective temporelle unifiante, panchronique, para-infernale où la vie et la mort se suppriment réciproquement dans un va-et-vient de traits interchangeables. Ces traits structurent le faire proxémique des personnages qui est appelé à signifier les relations inter-actorielles et à marquer l'exploitation de l'espace, comme le remarque A.-J. Greimas.[17] Dans *Huis-clos* le faire proxémique—peu importe qu'il renvoie à la gestualité quotidienne telle que le rapprochement, l'éloignement, l'action de s'asseoir ou de se regarder, le déplacement réfléchi ou transitif—ce faire devient toujours connecteur d'isotopies.[18] Il fonde des isotopies particulièrement actives qu'on peut définir comme:

> isotopie de "ils" (les autres)
> isotopie du regard—miroir
> isotopie de l'encombrement par les autres

Elles débouchent sur ce qu'on pourrait appeler le triangle infernal. Un examen rapide de quelques exemples de leur textualisation nous permettra de le comprendre:[19]

Garcin
Inès, ils ont embrouillé tous les fils. Si vous faites le moindre geste, si vous levez la main pour vous éventer, Estelle et moi nous sentons la secousse. Aucun de nous ne peut se sauver seul . . . . (p. 63)

Garcin
C'est par elle qu'ils vous auront. En ce qui me concerne, je ... je ... je ... ne lui prête aucune attention. Si de votre côté ...

Inès
Quoi?

Garcin
C'est un piège. Ils vous guettent pour savoir si vous vous y laisserez prendre.

Inès
Je sais. Et *vous*, vous êtes un piège. Croyez-vous qu'ils n'ont pas prévu vos paroles? Et qu'il ne s'y cache pas des trappes que nous ne pouvons pas voir? Tout est piège. Mais qu'est-ce que cela me fait? Moi aussi, je suis un piège. Un piège pour elle. C'est peut-être moi qui l'attraperai.

Garcin
Vous n'attraperez rien du tout. Nous nous courons après comme des chevaux de bois, sans jamais nous rejoindre: vous pouvez croire qu'ils ont tout arrangé. Laissez tomber, Inès. Ouvrez les mains, lâchez prise. Sinon vous ferez notre malheur à tous trois.

Inès
... Je l'aurai, elle vous verra par mes yeux, comme Florence voyait l'autre. (pp. 64-65)

Garcin
Il ne fera donc jamais nuit?

Inès
Jamais.

Garcin
Tu me verras toujours?

Inès
Toujours.

                      (Garcin abandonne Estelle et fait quelques
                      pas dans la pièce. Il s'approche du bronze)

Garcin
... Je vous dis que tout était prévu. Ils avaient prévu que je me tiendrais devant cette cheminée, pressant ma main sur ce bronze, avec tous ces regards sur moi. Tous ces regards qui me mangent ...

                                      (Il se retourne brusquement)
Ha! Vous n'êtes que deux? Je vous croyais beaucoup plus nombreuses.
                                                          (Il rit) (p. 92)

Il n'est pas nécessaire de citer la phrase proverbiale qui a rendu *Huis-clos* aussi célèbre pour s'apercevoir que le sème "infernal" résulte d'une mise en perspective isotopique du faire proxémique.[20] Ce faire oriente toujours la gestualité et les intentions des personnages par rapport à l'horizon ambigu des autres. Le triangle infernal clôt le rapport "je" vs "tu" par l'intervention traumatisante de "ils." C'est ce "ils" qui pose le chronotope en tant que structure close où l'ipséité est systématiquement encombrée par l'altérité. Le temps respire, engloutit et crache le même espace. Dans cette clôture triangulaire, mourir signifie s'absenter. Vivre signifie ne pas être soi.

Dans la perspective spatio-temporelle de *Huis-clos*, l'isotopie des autres, principalement lexicalisée par "ils," doit être interprétée comme isotopie complexe. En premier lieu, sur le plan du récit scénique immédiat, le "ils" organise l'enfer topographiquement et administrativement:

Inès

... ils ont réalisé une économie de personnel. Ce sont les clients qui font le service eux-mêmes, comme dans les restaurants coopératifs. (p. 41)

Dans le temps et dans l'espace terrestres, le "ils" se constitue en "attirance," "obstacle," "victime," "bourreau." "Ils," c'est avant tout une nécessité psycho-somatique fatale.

En jouant sur la sécularisation du concept et en instituant une perspective globale, progressive-régressive, la métaphore sartrienne de l'enfer démythifie le problème pirandellien du masque. Sartre déplace la perspective pirandellienne du jeu des rôles, perspective doublée d'une nostalgie de l'authenticité, vers la mise en évidence d'un comportement sémiotique rituel et conceptuel. Dans une étude importante qui s'intitule "Personnologie et sémiotique,"[21] A. Piatigorski et B. Uspenski définissent les différents types de comportement sémiotique. Celui-ci implique la "perception du 'moi' (l'autoperception) dans le temps" (p. 158):

... la sémiotisation de la réalité perçue indirectement qui prend le temps comme "lieu" de l'analyse peut se fonder soit sur le passé soit sur l'avenir. Autrement dit, l'importance qu'ont les événements pour l'individu peut s'exprimer soit en termes de passé soit en termes d'avenir par rapport à cet individu. (p. 159)

Prenant en considération le caractère sémiotique du "comportement analytique vu dans la perspective des différents plans temporels" (p. 161), c'est-à-dire dans la perspective hétérochronique, Piatigorski et Uspenski posent que les différents types de valorisation mutuelle du passé, du présent et de l'avenir permettent de distinguer trois types de comportement: le comportement conceptuel, le comportement pseudo-réaliste et le comportement rituel.[22] Ce qui nous intéresse dans le cas de *Huis-clos*, c'est surtout le comportement conceptuel et le comportement rituel. Le premier se manifeste lorsque le présent ou le passé sont valorisés du point de vue de l'avenir. Le second implique la valorisation du présent et de l'avenir dans la perspective du passé.

Sur le plan théâtral, la sémiotisation de ces deux types de comportement suppose nécessairement l'établissement d'une perspective triplane où le jeu du présent, du passé et de l'avenir impose aux personnages une constante valorisation de leurs paroles et de leurs gestes actuels, désactualisés et actualisables. Telle est précisément la perspective de Sartre. Dans *Huis-clos*, le comportement rituel et le comportement conceptuel sont investis du contenu connotatif de l'altérité. Le mot de la fin, "Eh bien, continuons," fait ressortir la perspective hétérochronique qui prend en charge l'éternité stratifiée des personnages. La ritualisation et la conceptualisation de leur comportement relève chez Sartre d'une insistance référentielle et méta-référentielle sur le "toujours ensemble" des humains, jeu de l'amour et de la haine, théâtre du désir et de l'assouvissement.

Revenons un instant à Pirandello. Voici l'extrait d'un monologue de Roméo Daddi dans *On ne sait comment:*

> ... Je dois nier les rapports, moi. Les rapports qui me rendent coupable. La voici ma condamnation ... si je veux continuer à vivre il faut que je nie la vie des autres et la mienne: si je m'attarde encore, obligé de mentir, je deviens coupable.[23]

C'est la présence inéluctable des autres qui déchaîne l'enfer dans la conscience de Roméo. Et comme Gérard Genot le remarque, dans cette pièce, "le drame naît du *décalage*, d'une vision différente, chez chacun, de l'événement, de ses causes, de ses conséquences et de ses implications."[24] Roméo est évacué de la scène. Une fois qu'il est abattu, sa "folie" atteint au statut cognitif d'une vision pré-sartrienne de l'être-au-monde-pour-autrui. Bernard Dort voit dans cette pièce un *Huis-clos* plus radical que le texte de Sartre.[25] Il n'en reste pas moins vrai que Sartre accomplit un geste dialectique de re-sémiotisation des structures séminales du théâtre pirandellien: dissolution du moi, subversion du personnage scénique, "azione parlata" prise au sens d'une polyphonie répétitive des voix individuelles, structures dialogiques telles que les formules aphoristiques et gnomiques existentiellement orientées, brisure du récit dramatique et mimétique. Tout en misant sur la répétitivité et sur la non-finalité des rapports inter-actoriels, Sartre fait subir au cercle pirandellien une métamorphose importante.

La structure fermée du cercle est reprise mais elle est décalée d'un cran au moins. Ce qui se joue à l'infini est donné à voir sur une scène où les signes des personnages et de l'action sont projetés dans un espace et dans un temps para-théâtraux. A côté du théâtre psychologique et contre le théâtre mimétiquement fixé sur le moi et l'autre. Le référent immédiat du récit dramatique est dépassé précisément par les codes méta-référentiels, mythologique et philosophique, dont la fonction est double; d'une part, ils fixent le personnage au-delà des illusions mimétiques propres à la représentation des psychismes ou des intrigues et, d'autre part, ils démythifient le jeu des rôles au sens pirandellien de ce terme, c'est-à-dire au sens d'un théâtre interchangeable de masques et d'inauthenticité. *Huis-clos* est donc une pièce ou une représentation-limite théâtralisée chez Pirandello et paradoxalement dé-théâtralisée ou méta-théâtralisée chez Sartre. La dé-théâtralisation du cercle pirandellien se double ainsi d'une perspective méta-référentielle polyvalente, mythologique, métaphorique, philosophique, spatiale et temporelle, virtuelle et conceptuelle. Sartre tire les conséquences dramatiques-limite d'une situation posée sous forme de codes spécifiques qui font du personnage non plus le réceptacle de ses propres pulsions et de ses monologues plaintifs et explicatifs à la Pirandello, mais le terme-limite de l'idée même de personnage. Le conflit entre le pour-soi et l'en-soi reflète au niveau du code philosophique pris dans sa fonction théâtrale méta-référentielle, la ligne de démarcation infranchissable entre le contenu psychique et pulsionnel et sa représentation dramatique. La mise en relief de ce conflit par Sartre bâillonne le théâtre psychologique. La psyché est une intentionnalité toujours identique et agressive par rapport à l'autre. Ce théâtre exorcisé par Artaud, Apollinaire et Witkiewicz l'est aussi par Sartre. Le texte évolutif du théâtre moderne trouve sa limite extrême en *Huis-clos*. Par delà *Mademoiselle Julie* (et

Mademoiselle Lulu!), par delà *Six Personnages*, l'intertexte sartrien se projette dans un nouvel espace scénique: celui de la liberté ou du gestus brechtien.

NOTES

    1. Les affinités entre le théâtre de Sartre et celui de Pirandello ont été attestées par Sartre lui-même, qui parfois se réfère à Pirandello dont il s'est inspiré, comme dans *J'aurai un bel enterrement*, pièce de jeunesse qui n'a pas été conservée. Cf. Michel Contat et Michel Rybalka, éds., "Introduction," dans J.-P. Sartre, *Un Théâtre de situations* (Paris: Gallimard, 1973), p. 12. Les critiques aussi bien français qu'italiens (B. Dort, G. Dumur, A.-L. de Castris, L. Ferrante—pour ne mentionner que ceux-là) ont établi des comparaisons entre ces deux auteurs. Cf., par exemple, les opinions suivantes: "C'est Pirandello qui a tracé la ligne de démarcation entre tout le théâtre du passé et le théâtre du XXème siècle. Anouilh, Salacrou, Achard parmi les aînés, Sartre, Beckett, Ionesco, Vauthier, Dürrenmatt parmi les plus récents ne seraient pas ce qu'ils sont s'il n'y avait pas eu Pirandello. (La situation de *Huis clos*, par exemple, est *exactement* la situation des *Six personnages* condamnés à rejouer éternellement la même scène)" (Georges Neveux, "Dans l'air de notre temps," *Arts*, No. 844 [1961], 15); "De nos jours, les auteurs auxquels je fais allusion, et principalement Pirandello, ne prennent plus le 'plateau' comme un lieu imaginaire. Le cadre de la scène, l'espace délimité par les portants et la toile de fond (parfois, comme dans les *Six personnages*, la scène est entièrement nue) est l'espace clos où les personnages sont prisonniers. Le fameux piège du spectateur où Hamlet veut 'attraper la conscience du roi,' le voilà fermé pour de bon. *Huis-Clos* n'est pas seulement le titre d'une pièce moderne, c'est la définition de toute une esthétique théâtrale" (Guy Dumur, "Pour une poétique théâtrale," *Théâtre Populaire*, No. 8 [1954], 44). Voici une opinion de Sartre lui-même: "Comme on demandait récemment à Jean-Paul Sartre quel était l'auteur dramatique moderne le plus actuel, le dramaturge du *Diable et le Bon Dieu* répondit: C'est, sans conteste, Pirandello" (*Nouvelles Littéraires*, No. 1286 [1952]).
    2. Nous nous référons à la théorisation de ce concept par Hans Robert Jauss dans *Literaturgeschichte als Provokation* (Francfort: Suhrkamp, 1970), où "l'horizon de l'attente" est défini comme "isotopie paradigmatique" ("paradigmatische Isotopie"), qui peut être constituée à partir d'un certain nombre d'horizons de l'attente vus syntagmatiquement dans une époque ou dans un moment historique déterminés. L'horizon de l'attente permet d'actualiser les textes littéraires ("Aktualisierung literarischer Texte") dans l'espace: œuvre-lecteur-critique-systèmes de normes. Il constitue une sorte de "texte artistique" imaginaire, mais concrètement déterminé par rapport aux œuvres, aux textes actualisés et ressentis comme textes fixant des horizons de l'attente aussi bien pour les critiques que pour les lecteurs.
    3. Cf. la réponse de Georges Neveux à l'enquête de la revue *Arts*, No. 602 (16-22 janvier 1957), "Pirandello vous a-t-il influencé?": "Il a tout fait naître.... Sans Pirandello et sans les Pitoëff (car on ne sait plus les séparer, le génie de Pitoëff ayant donné sa forme à celui de Pirandello) nous n'aurions eu ni Salacrou, ni Anouilh, ni aujourd'hui Ionesco, ni. . . mais je m'arrête, cette énumération serait interminable. Tout le théâtre d'une époque est sorti du ventre de cette pièce."

4. Cf. Bernard Dort, "Une Scandaleuse Unité" dans R. Gaudy, *Arthur Adamov, essai et document* (Paris: Stock, 1971), p. 124.

5. Cf. M. Bakhtine, "Formy vriemieni i xronotopa v romane. Očerki po istoričeskoï poetike," dans *Voprosy literatury i estekiki. Issledovania-raznyx let* (Moscou: Xudozestvennaia literaura, 1975), pp. 234, 235.

6. Dans son essai *L'Umorismo* Pirandello établit une distinction importante fondatrice de son esthétique de l'umorisme, entre *avvertimento del contrario* et *sentimento del contrario*: "... perchè appunto la rifflessione, lavorando in me, mi ha fatto anda oltre a quel primo avvertimento, piuttosto, più addentro: da quel primo *avvertimento del contrario* mi ha fatto passare a questo *sentimento del contrario*. Ed è tutta qui la differenza tra il comico e l'umoristico." Luigi Pirandello, *Saggi, poesie, scritti varii* (Rome: Mondadori, 1973), p. 127.

7. Voici la réplique du Père: "IL PADRE (solenne). Il momento eterno, com' io le ho detto, signore! Lei (indicherà la Figliastra) è qui per cogliermi, fissarmi, tenermi agganciato e sospeso in eterno, alla gogna in quel solo momento fuggevole e vergognoso della mia vita. Non puo veramente risparmiarmelo." Luigi Pirandello, *Machere nude, Sei personnaggi in cerca d'autore* (Rome: Mondadori, 1958), p. 76.

8. Cf. à propos de l'organisation de l'espace scénique chez Pirandello les considérations suivantes de Gérard Genot: "Nous pouvons ainsi interpréter les connotations des indications générales de localisation. Leur absence équivaut, soit à une indication négative qui peut signifier 'lieu indifférent' comme c'est le cas pour les 'mythes' (et la localisation négative des *Géants de la montagne* va indubitablement dans ce sens), soit 'lieu problématique' comme c'est le cas pour deux des trois pièces du 'théâtre dans le théâtre' " ("Caractères du lieu théâtral chez Pirandello," *Revue des Etudes Italiennes* 14 [1968], 14); "L'effort de Pirandello, en cela déjà très 'moderne,' consiste à étendre le lieu aux dimensions de tout le théâtre; ce faisant, il réalise une sorte de projection horizontale, un aplatissement déformant de diverses couches du lieu théâtral. Le rapport d'exclusion se transforme chez lui en rapport dialectique, de même qu'en ce qui concerne la distribution actantielle personne-personnage-acteur" (ibid., p. 18). A propos de nos considérations sur l'a-représentativité du lieu psychique du personnage chez Pirandello, cf. l'indication scénique qui précède le troisième acte de *On ne sait comment*: "... une pièce dans l'appartement de Roméo Daddi, le lendemain matin. On laisse aux interprètes le soin de monter une scène qui convienne à l'état d'esprit du protagoniste et au moment de l'action" (*Machere nude*, II, 872) (je cite d'après la traduction de Maryse Meynaud-Jeuland dans son article "A propos des didascalies des *Sei personnaggi in cerca d'autore*," *Revue des Etudes Italiennes*, 14 [1968], 72).

9. Cf. Karl Löwith, *Das Individuum in der Rolle des Mitmenschen* (Darmstadt: Wissenschaftliche Buchgesellschaft Darmstadt, 1969), p. 101: "Das Verhältnis der drei Personen war also nicht schon immer eine geschlossene Welt, sondern hat sich, wie jedes ausdrückliche Sein im Einander, geschichtlich v e r-selbständigt und damit von der weiteren Mitwelt a b-geschlossen. Hätte Pirandello die geschichtliche Herkunft dieses Verhältnisses aufgezeigt, so hätte er damit zugleich die Motive seiner möglichen Auflösung in die Hand gegeben. Vor die geschlossene Welt gestellt, zeigt sich als Motiv ihrer möglichen Auflösung nur die faktische Unstimmigkeit dieser geschlossenen Welt im Verhältnis zu der sie umgebenden M i t w e l t."

10. Nous renvoyons à notre étude "Unités isotopiques et dislocation des codes dans *Six Personnages en quête d'auteur* de L. Pirandello," à paraître dans *Les Actes du 1er Congrès international de Sémiotique* (Milan, 1974).

11. Nous empruntons le concept de code herméneutique à R. Barthes qui pose dans *S/Z* (Paris: Seuil, 1976), p. 26, "L'inventaire du code herméneutique consistera à distinguer les différents termes (formels), au gré desquels une énigme se centre, se pose, se formule, puis se retarde et enfin se dévoile (ces termes parfois manqueront, souvent se répéteront; ils n'apparaîtront pas dans un ordre constant)."

12. Cf. ibid., p. 125: "Cette phrase herméneutique, cette *période* de vérité (au sens rhétorique), on en connaît maintenant les morphèmes (ou les 'herméneutèmes')." En nous servant de ce concept de R. Barthes nous ne prétendons pas pour autant que *Huis-clos* appartienne au genre herméneutique ou énigmatique. Les herméneutèmes font partie dans le texte de Sartre de sa structuration sémiotique qui ambiguïse l'enfer et le rapport intersubjectif humain. Cette ambiguïsation, c'est l'enjeu de la symbolisation comprise comme une insistance référentielle liée au dialogue et au faire proxémique des personnages.

13. Cf. Michael Issacharoff, "Sartre et les signes: La dynamique spatiale de *Huis-clos*," dans *Travaux de Linguistique et de Littérature*, 15 (1977), 302-03.

14. Cf. les considérations suivantes de A.J. Greimas: ". . . si l'on s'en tient à la définition du récit comme une transformation logique située entre deux états narratifs stables, on peut considérer, comme *espace topique*, le lieu où se trouve manifestée syntaxiquement la transformation en question, et, comme *espaces hétéropiques*, les lieux qui l'englobent, en le précédant et/ou en le suivant" (*Maupassant, la sémiotique du texte: Exercices pratiques* [Paris: Seuil, 1976], p. 99).

15. Nous avons recours à ce concept dans la mesure où il exprime tant bien que mal le fait que l'espace visible et l'espace invisible sont axiologiquement équivalents chez Sartre. Cette équivalence est ressentie comme telle surtout à la lecture de *Huis-clos*. La représentation scénique évidemment modifie considérablement ce rapport.

16. Cette interprojection réciproque pourrait être interprétée à la lumière de l'opposition canonique thématisée philosophiquement par Sartre dans *L'Etre et le néant* entre le *pour-soi* et l'*en-soi*.

17. Cf. A.J. Greimas, p. 221: dans le cas du faire proxémique il s'agit ". . . d'une utilisation des mouvements et des attitudes du corps humain qui, en tant que *signifiants*, recouvrent et rendent compte des relations inter-actorielles."

18. Le terme emprunté à A.J. Greimas, p. 238. Le *connecteur d'isotopies* est un "emplacement textuel" à partir duquel on peut procéder à "l'élargissement d'isotopie."

19. Nous citons d'après l'édition Folio.

20. Cette mise en perspective isotopique du faire proxémique pourrait être poursuivie en fonction du commentaire de Sartre sur *Huis-clos* (1965): "Les trois personnes que vous entendrez dans *Huis-clos* ne nous ressemblent pas en ceci que nous sommes vivants et qu'ils sont morts. Bien entendu, ici, "morts" symbolise quelque chose. Ce que j'ai voulu indiquer, c'est précisément que beaucoup de gens sont encroûtés dans une série d'habitudes, de coutumes, qu'ils ont sur eux des jugements dont ils souffrent mais qu'ils ne cherchent même pas à changer. Et que ces gens-là sont comme morts. . . . De sorte que, en vérité, comme nous sommes vivants, j'ai voulu montrer par l'absurde . . . l'importance de changer les actes par d'autres actes. Quel que soit le cercle d'enfer dans lequel nous vivons, je pense que nous sommes libres de le briser. Et si les gens ne le brisent pas, c'est encore librement qu'ils y restent. De sorte qu'ils se mettent librement en enfer" (*Un Théâtre de situations* [Paris: Gallimard, 1973]), p. 239.

21. Nous citons d'après la traduction polonaise de cette étude (traducteur: Stanislaw Balbus), "Personologia i semiotyka," *Teksty*, No. 3 (1972), 159.

22. Ibid., 161 et 162.

23. Cf. *On ne sait comment*, version française de M.-A. Commène, dans L. Pirandello, *Théâtre* (Paris: Gallimard, 1952), VIII, 191.

24. Cf. Gérard Genot, *Pirandello* (Paris: Seghers, 1970), p. 115.

25. Cf. Bernard Dort, dans une critique du spectacle de *On ne sait comment:* "Nous voilà loin de Bataille et de Bernstein. . . . Reconnaissons plutôt dans *On ne sait comment* un *Huis clos* plus radical que celui de Sartre. Lorsque le rideau tombe sur la mort de Roméo Daddi, la place est nette. C'est un autre théâtre qu'il faut faire. La parole n'est plus à ces individus-là" (*Théâtre populaire*, No. 45 [1962], p. 124).

Gerald Prince

Roquentin et le langage naturel

Des grandes fonctions qu'on attribue au langage naturel—la fonction descriptive, la fonction communicatrice, la fonction esthétique[1]—le héros de *La Nausée*, quand il entreprend de déterminer le changement qui s'est produit en lui, privilégie la première, ne profite pas de la deuxième et néglige la troisième. En effet, tant dans le "feuillet sans date" que dans les premières pages de son journal proprement dit, tout ce qui a trait au langage comme poésie, comme fin en soi, semble ne pas exister pour Roquentin ou, du moins, ne pas compter. D'autre part, nous savons qu'il vit en dehors du social: "Moi je vis seul, entièrement seul. Je ne parle à personne, jamais; je ne reçois rien, je ne donne rien."[2] Il a, par contre, grande confiance en les pouvoirs du langage à décrire le réel, à le représenter fidèlement jusque dans les plus petits détails, et à le clarifier. Les toutes premières lignes du "feuillet" font plus que le suggérer: "Le mieux serait d'écrire les événements au jour le jour. Tenir un journal pour y voir clair. Ne pas laisser échapper les nuances, les petits faits, même s'ils n'ont l'air de rien, et surtout les classer. Il faut dire comment je vois cette table, la rue, les gens, mon paquet de tabac, puisque c'est cela qui a changé. Il faut déterminer exactement l'étendue et la nature de ce changement" (p. 9); les dernières lignes du même feuillet constituent une profession de foi un peu plus hésitante: "Je vais me coucher. Je suis guéri; je renonce à écrire mes impressions au jour le jour, comme les petites filles, dans un beau cahier neuf. Dans un cas seulement il pourrait être intéressant de tenir un journal: ce serait si" (p. 12); et quand il opte, quelques semaines plus tard, pour le journal, Roquentin révèle une fois de plus son optimisme linguistique—"Je voudrais voir clair en moi avant qu'il ne soit trop tard" (p. 16)—et refuse l'ineffable: "je ne veux pas de secrets, ni d'états d'âme, ni d'indicible" (p. 21). Il semble ainsi que le langage est un miroir éclairant et fidèle des choses et que l'ordre du discours et celui du réel ne font qu'un.

Certes, décrire, représenter, n'est pas facile. Le héros en fait presque immédiatement l'expérience: "Par exemple, voici un étui de carton qui contient ma bouteille d'encre. Il faudrait essayer de dire comment je le voyais *avant* et comment à présent je le   " (p. 9). Le mot laissé en blanc est un premier échec, l'absence de signe est signe d'une absence. Mais ce doit être que Roquentin n'a tout simplement pas l'habileté requise. Il avouera d'ailleurs sa maladresse: "Je n'ai pas l'habitude de me raconter ce qui m'arrive, alors je ne retrouve pas bien la succession des événements, je ne distingue pas ce qui est important" (p. 21). Pour que le langage naturel tienne ses promesses, il suffit de savoir l'utiliser. Il faut tout dire, en appelant les choses par leur nom. Roquentin sait combien le mensonge est facile (p. 158) et se dénonce lui-même quand il succombe à cette facilité: "C'est curieux; je viens de remplir dix pages et je n'ai pas dit la vérité—du moins pas toute la vérité.... J'admire comme on peut mentir en mettant la raison de son côté" (p. 20). Il faut réduire, éliminer la distance entre le mot et la chose: "il est certain que je peux, d'un moment à l'autre . . . retrouver cette impression d'avant-hier. Je dois être toujours prêt [Roquentin est éclaireur!] sinon elle me glisserait entre les doigts" (p. 9). Par-dessus tout, il faut employer un langage bien à soi, ferme, neuf et clair, un langage . . . naturel. Roquentin est entouré de langages faux, qui l'exaspèrent et lui répugnent. Tout ce qu'il lit et qu'il entend est du déjà-trop-usé. Tous les discours sont ternes, flasques, dégradés. Il sait trop bien raconter des anecdotes (p. 52). Il critique, comme Foucault, la stratégie du "jusqu'à maintenant," les gens "qui expliquent le neuf par l'ancien et l'ancien . . . par des événements plus anciens encore" (p. 101). Il méprise "la psychologie comme on en fait dans les romans," les œuvres populistes et les prix Fémina, Barrès et Bourget, Paul Doumier et Pierre Benoît, sans oublier Balzac et *Eugénie Grandet*.[3] Il regrette que les lettres de Rollebon soient si guindées (p. 86) et préfère penser qu'il ne les a pas écrites: "il les a fait composer par l'écrivain public" (p. 87). Enfin, il ne peut supporter les propos de l'Autodidacte—"Est-ce ma faute si, dans tout ce qu'il me dit, je reconnais, au passage, l'emprunt, la citation?" (p. 165)— pas plus que ceux des deux jeunes gens à la maison Bottanet ou encore ceux du couple au musée de Bouville. C'est pourquoi il s'impose certaines consignes (p. 9: "Voilà ce qu'il faut éviter, il ne faut pas mettre de l'étrange où il n'y a rien. Je pense que c'est le danger si l'on tient un journal: on s'exagère tout, on force continuellement la vérité. . . . Il ne faut rien ['forcer' ou 'forger'][4] mais noter soigneusement et dans le plus grand détail tout ce qui se produit"; p. 84: "Je n'ai pas besoin de faire des phrases. J'écris pour tirer au clair certaines circonstances. Se méfier de la littérature. Il faut écrire au courant de la plume; sans chercher les mots").

Mais que signifie, surtout pour un homme seul, appeler les choses par leur nom? que signifient "laid" et "beau" et "vivant" et "aventure," ou bien "dimanche," "lundi," "expérience," "âge mûr," "mort," "noir," "Antoine Roquentin," "je" (pp. 30, 56, 81, 100 et passim)? et que signifie tout dire quand, d'un étui de carton ou d'une vie entière, il n'y a, en fin de compte, rien à dire (pp. 9, 220)? et comment supprimer la distance entre les mots et les choses quand les mots prennent de la place et du temps, la place et le temps des choses (p. 63)? et le langage peut-il être à moi, peut-il être moi quand il est (à) tout le monde et quand ce que je dis et ce que j'écris est fait de ce que disent et écrivent les autres? et pourquoi cet impératif du naturel quand le naturel, c'est de l'artificiel déguisé (pp. 27, 108)?

Ce qu'on peut soupçonner dès les premières pages, Roquentin sera forcé d'en convenir. Le langage n'est pas un instrument descriptif adéquat. L'écriture même du héros le prouve, où abondent les mots en italiques, les hésitations, les indéfinis. D'ailleurs

Roquentin souligne son impuissance (p. 63: "Ça ne pouvait pas se décrire, il aurait fallu prononcer très vite: 'C'est un jardin public, l'hiver, un matin de dimanche'"; p. 81: "Rien n'a changé et pourtant tout existe d'une autre façon. Je ne peux pas décrire").

Le langage n'est pas transparent et Roquentin ne peut s'empêcher de noter la voix de ses interlocuteurs, l'encre violette d'une adresse, les pattes de mouches de son ancienne concierge. Parlé ou écrit, le langage a un corps qui souvent s'impose et qui souvent dégoûte. Il sent mauvais: "[L'Autodidacte] se penche vers moi et demande, les yeux mi-clos: 'Vous avez eu beaucoup d'aventures, monsieur?" Je réponds machinalement . . . en me rejetant en arrière, pour éviter son souffle empesté" (p. 56). Il se décompose facilement: "Sur un autre lambeau, on peut encore déchiffrer le mot 'purâtre' en caractères blancs d'où tombent des gouttes rouges" (pp. 41-42). C'est un corps qui m'habite et qui pourtant m'est étranger. Il m'excite (p. 75: "On dirait que leur état normal est le silence et la parole une petite fièvre qui les prend quelquefois"), me brutalise (p. 44: "Tout à coup des sons rauques et graves la déchirent, s'arrachent d'elle et remplissent toute la rue") et ne me laisse pas de répit (p. 142: "Et puis il y a les mots, au-dedans des pensées, les mot inachevés, les ébauches de phrases qui reviennent tout le temps"), sans pour autant que je m'y reconnaisse: "Elle était là [cette phrase] en face de moi; en vain y aurais-je cherché une marque d'origine. N'importe qui d'autre avait pu l'écrire. Mais moi, *moi*, je n'étais pas sûr de l'avoir écrite" (p. 137).

Si je ne me retrouve pas dans le langage, j'y retrouve encore moins le monde. Loin, en effet, de me le restituer tel quel ou même partiellement, loin de le re-présenter, il en marque l'absence ou le fait disparaître. Le mot dans *La Nausée* n'a pas de prise sur la chose. Il ne peut se l'intégrer, lui reste toujours infiniment extérieur et n'en préserve même pas le reflet. Il en est l'antithèse, l'ennemi: "Tout à coup, je m'arrête: j'ai senti une usure, j'ai vu pointer un mot sous la trame des sensations. Ce mot-là, je devine qu'il va bientôt prendre la place de plusieurs images que j'aime" (p. 52). "Il faut choisir: vivre ou raconter" (p. 60), sentir ou employer le langage. Le réel, c'est ce qui ne se dit ni ne s'écrit; et le langage vit de la mort des choses. Ainsi que l'a très bien fait ressortir Geneviève Idt,[5] c'est dans un tramway, sur une banquette, et ensuite dans un jardin public, devant l'arbre de la connaissance, que Roquentin saisit pleinement la distance infranchissable entre le langage et le monde, leur inadéquation fondamentale. Les choses échappent à la nomination et sont toujours au-dessous, au-dessus, ou à côté de toute représentation linguistique: "Noueuse, inerte, sans nom, elle me fascinait . . . . J'avais beau répéter: 'C'est une racine'—ça ne prenait plus . . . . Noire? J'ai senti le mot qui se dégonflait, qui se vidait de son sens avec une rapidité extraordinaire. Noire? La racine n'*était pas* noire . . ." (pp. 183-84). Le langage est vide de la chose et si, lors de son extrase, Roquentin comprend véritablement l'existence, s'il la sent, s'il la vit, c'est qu'il transcende les mots: "Le mot d'Absurdité naît à présent sous ma plume; tout à l'heure, au jardin, je ne l'ai pas trouvé, mais je ne le cherchais pas non plus, je n'en avais pas besoin: je pensais sans mots, *sur* les choses, *avec* les choses" (p. 182). Bien que sa corporalité puisse, pour un temps, donner le change, le langage n'est pas naturel: il n'est pas conforme à l'ordre de la nature.

Que faire, si le langage constitue non pas un instrument grâce auquel je m'approprie le monde, je le fais moi, je me fais lui, mais un être qui me sépare des choses et de moi-même? Roquentin pourrait, comme le premier Wittgenstein, essayer de fonder un nouveau langage. Si les structures linguistiques ne correspondent pas à celles du monde qui m'entoure, si les mots et leurs signifiés permettent de comprendre les choses en général mais non en particulier (p. 183): "La fonction n'expliquait rien: elle permettait de comprendre en gros ce que c'était qu'une racine mais pas du tout *celle-ci*"), si l'on se trouve obligé de traduire le neuf par l'ancien du fait qu'on emploie les mêmes mots pour parler de choses différentes, il suffit de créer un langage plus riche, plus souple, plus concret, dont les mots ne seraient jamais deux fois les mêmes et dont la logique serait celle du monde. Mais c'est impossible: quelle que soit la logique inventée, tout langage repose sur le générique, l'abstraction, la répétition, et de même que la carte n'est jamais le territoire, le mot n'est jamais la chose. D'ailleurs, et paradoxalement, ce n'est pas là que se situe le problème. Non pas trop d'homogène du côté des mots et trop d'hétérogène du côté des choses, non pas l'in-différence de la langue et la différence du monde, mais tout le contraire. Bien avant son illumination du jardin public, Roquentin notait déjà qu'il n'y avait ni lundi, ni dimanche, mais seulement "des jours qui se poussent en désordre" (p. 81): et il écrivait que "tout se ressemble: Shanghaï, Moscou, Alger" (p. 61). Le langage échoue par excès de richesse, de précision, et il est impossible de le mettre au niveau du monde en l'appauvrissant: une logique toujours l'anime alors qu'il n'y a pas de logique animant le monde. Les choses sont "au-dessous de toute explication" p. 183). Elles sont, voilà tout. Devant la racine du marronnier, Roquentin ressent l'arbitraire de tout discernement linguistique (p. 181) et, un peu plus tard, Anny lui dira: "On se demande comment les gens ont eu l'idée d'inventer des noms, de faire des distinctions" (p. 211). Tout langage différencie l'indifférencié, introduit du vide là où il n'y a que du plein, tente de définir ce qui n'est pas définissable. Tout langage est faux qui prétend décrire le réel.

Roquentin pourrait également, par la suppression du langage, mettre fin à son aliénation. J'ai noté plus haut que les choses se laissent atteindre et comprendre—c'est ce qui a lieu dans le jardin public—mais qu'elles se situent toujours au-delà des mots. Il s'agirait alors, pour le héros, de se placer hors du langage et de l'extirper hors de soi. Il faudrait pouvoir ne pas parler de soi à la troisième personne, ne pas se saisir par les mots, ne pas se représenter le monde. Il faudrait devenir pleinement un individu, quelqu'un qui n'est soumis à aucun langage et qui défie toutes les classifications. Antoine, le bien nommé, n'ignore pas cette tentation. Déjà, l'épigraphe de *La Nausée* le décrit comme "un garçon sans importance collective . . . tout juste un individu." D'autre part, il vit en marge des autres et ne se reconnaît plus dans les glaces: "Je n'ai pas d'amis: est-ce pour cela que ma chair est si nue? On dirait—oui, on dirait la nature sans les hommes" (p. 32). Enfin, il refuse de toutes ses forces les étiquettes qu'on pourrait lui donner et finit par ne plus comprendre celles qu'il se donne lui-même: "A présent, quand je dis 'je,' ça me semble creux. . . . Pour Personne, Antoine Roquentin n'existe. . . . Et qu'est-ce que c'est que ça, Antoine Roquentin? C'est de l'abstrait. Un pâle souvenir de moi vacille dans ma conscience.

Antoine Roquentin. . . . Et soudain le Je pâlit et c'en est fait, il s'éteint" (p. 237). Etre sans nom au milieu des innommables. Etre irréductible avec les choses. Mais c'est terrifiant. Encore que Roquentin tienne à sa nausée—c'est la sienne!—et qu'il en soit fier—elle est la preuve qu'il voit ce que les autres ne veulent pas voir—il ne peut la vivre entièrement, débarrassé des mots, parmi les choses: "je saute hors du tramway. Je n'en pouvais plus. Je ne pouvais plus supporter que les choses fussent si proches" (p. 178). De plus, ce n'est pas possible. La voix qui était (en) moi n'est jamais loin. Si Roquentin meurt au langage et à lui-même, c'est pour renaître. Si le "je" s'évanouit, c'est pour surgir de nouveau: "Et la voix dit: 'Voilà le Rendez-vous des Cheminots et le Moi jaillit dans la conscience c'est *moi*, Antoine Roquentin, je pars pour Paris tout à l'heure; je viens faire mes adieux à la patronne" (pp. 239-40). L'homme est condamné au langage.

Roquentin pourrait, comme Wittgenstein, en prendre son parti et même en tirer parti. Le langage n'est peut-être pas un instrument descriptif adéquat parce que sa fonction principale n'est pas de décrire mais de faciliter mes rapports avec les hommes et avec le monde. C'est un obstacle mais c'est aussi un pont. Il ne sert pas la description mais la communication. Il n'est pas instrument épistémologique mais instrument social. Que le langage, dans l'univers de *La Nausée*, apaise et réconforte est indéniable. Lucie, la femme de chambre, aime discuter de ses déboires conjugaux "parce que ça la soulage un peu d'en parler sur un ton posé" (p. 23); chez Camille, rue des Horlogers, les paroles du vieux médecin, toutes fausses et trompeuses soient-elles, délivrent les consommateurs "de quelque chose d'horrible" (p. 98); et à la Bibliothèque, après que le silence a signalé la "mise à mort" de l'Autodidacte (p. 231), les hurlements du Corse annoncent le rétablissement de l'ordre (p. 232). Roquentin luimême sait très bien que le langage peut secourir et consoler. Donner un nom aux choses est peut-être une mystification, mais c'est une mystification qui rassure et le héros en profite parfois (pp. 13, 34, et passim). Parler ne va pas sans une certaine douceur: Roquentin note, chez Anny, cette façon qu'elle a "de supprimer dès l'abord toutes les formules mécaniques de politesse, d'amitié, tout ce qui facilite les rapports des hommes entre eux" (p. 199) et, racontant son déjeuner avec l'Autodidacte, il écrit: "ce matin, j'étais presque heureux de le revoir, j'avais besoin de parler" (p. 148). D'ailleurs, même le langage de son journal— avec ses "si l'on veut," ses "je ne dis pas non," ses "je l'avoue" et ses "tout ce qu'on voudra" (pp. 20, 30, 58, 148, et passim)— fait souvent sa part à l'interlocuteur. Mais si le langage est un antidote contre la peur et le désordre, s'il humanise et rend la vie moins pénible, c'est justement qu'il dissimule la véritable nature du monde et qu'il encourage le mensonge. Or, nous avons vu combien Roquentin estime la vérité et la sincérité. Valoriser la fonction communicatrice du langage, c'est payer un prix trop élevé: l'intégration coûte que coûte, l'aveuglement. D'autre part, nous savons qu'il n'a pas d'aptitude pour les rapports avec autrui. J'ai déjà cité l'épigraphe et j'ai souligné son isolement. Il n'a pas de travail, "pas de chef, pas de femmes ni d'enfants" (p. 151). Gustave Impétraz aimerait le chasser de la cour des Hypothèques; les portraits du salon Bordurin-Renaudas veulent l'obliger à quitter le musée; à la maison Bottanet, il se sent devenir inhumain sous le regard des dîneurs; et, un peu plus tard, lorsqu'il observe les hommes qui s'affairent dans la rue Boulibet, il lui semble appartenir "à une autre espèce" (p. 221). Quand il tente de se rapprocher de certaines personnes—Anny, l'Autodidacte humilié —il échoue. Il finit même par se comparer à Cassandre (p. 224). Peut-être parce qu'il en a perdu l'habitude, peut-être à cause d'un orgueil qui s'ignore, peut-être encore pour les besoins de la démonstration, les relations avec les hommes ne sont pas faites pour lui.

Reste la fonction esthétique (poétique) du langage. Au lieu de chercher à désigner et à re-présenter ce qui existe, le langage présentera ce qui n'existe pas et préférera se désigner lui-même; au lieu de se mêler à autrui, il se contentera d'être. Roquentin aime à écouter "un vieux *rag-time* avec refrain chanté" (p. 36), qui lui procure un étrange bonheur et fait même disparaître sa nausée. Cette chanson au nom prometteur (le titre en est *Some of These Days*), au langage magique (c'est de l'anglais), et qui raconte l'indispensable (*"You'll miss me honey!"*) s'oppose en tout point à l'existence. Sèche, dure, rythmée, compacte, invulnérable, nécessaire, elle "commence pour finir," elle a son propre temps, elle *est*. D'autre part, Roquentin semble avoir un tempérament d'écrivain (n'ira-t-il pas s'installer à Paris?). Sa première réaction à la nausée est de tenir un journal[6] et, s'il prépare un ouvrage sur M. de Rollebon, ce n'est plus par intérêt pour ce personnage: "maintenant, l'homme . . . l'homme commence à m'ennuyer. C'est au livre que je m'attache, je sens un besoin de plus en plus fort de l'écrire" (p. 26). Il a même "l'impression de faire un travail de pure imagination" (p. 26). Peu à peu, la tentation du roman se fait plus puissante: "il fallait plutôt que j'écrive un roman sur M. de Rollebon . . . je pensais à M. de Rollebon: après tout, qu'est-ce qui m'empêche d'écrire un roman sur sa vie?" (p. 87). A la fin de *La Nausée*, après la faillite de l'histoire, de l'amitié, de l'amour, des fonctions référentielle et communicatrice du langage, Roquentin entend le *rag-time* pour la dernière fois. Il lui semble que le compositeur et l'interprète ont réussi à se sauver, à justifier leur existence, et il décide alors de se sauver lui-même en écrivant un roman. Ce ne serait évidemment pas un roman réaliste, qui prétendrait atteindre le réel, mais "une autre espèce de livre. . . une histoire, par exemple, comme il ne peut en arriver . . . belle et dure comme de l'acier [et qui] fasse honte aux gens de leur existence" (pp. 248-49), un vrai roman plutôt qu'un roman vrai, un texte renvoyant à quelque chose qui n'existe pas, comme les cercles et les mélodies de jazz.

Mais la réussite de cet ultime projet est loin d'être certaine, ce qui explique peut-être et ce que suggèrent les hésitations de Roquentin alors même qu'il entrevoit l'œuvre à venir (pp. 248-49) aussi bien que la parodie soutenue de Proust ou la note des Editeurs au début du roman.[7] Que veut dire, en effet, purifier le langage et le laver de tout existent (pp. 247-49) si, de l'existent, le langage est toujours déjà séparé? Le protagoniste balance. Il rêve d'une histoire comme il ne peut en arriver dans la vie mais il a déjà dit que les histoires ne peuvent arriver dans la vie (p. 61). Il déclare que les aventures sont dans les livres tout en ajoutant que "ce qu'on raconte dans les livres peut arriver pour de vrai, mais pas de la même manière" (p. 58). Peut-être s'agira-t-il simplement d'éviter toute équivoque et d'être bien intentionné.

Mais, encore que Roquentin aime l'abstraction (pp. 84, 85), il n'est pas question d'employer des formules mathématiques; et, si le langage peut ne pas viser le réel, est-ce que ce dernier n'en constitue pas moins l'horizon essentiel à son fonctionnement, à sa compréhension?

Au jardin public, Roquentin a saisi que "le monde des explications et des raisons n'est pas celui de l'existence" (p. 183). La racine du marronnier existe dans la mesure où on ne peut l'expliquer, où on ne peut l'appréhender par le langage (p. 183). Un cercle, au contraire, n'existe pas, "n'est pas absurde [parce qu'il] s'explique très bien par la rotation d'un segment de droite autour d'une de ses extrémités" (p. 183). La définition d'un cercle recouvre parfaitement ce qui le constitue en tant que tel: la comprendre, c'est le comprendre. Il n'en va pas de même pour une racine. Mais qu'en est-il d'un roman? Peut-on jamais en donner une définition qui mette fin à toutes les questions? Peut-on le comprendre en termes de cette définition et sans recours aucun à notre expérience du réel? Il y aura toujours une infinité de questions à poser sur une œuvre romanesque, des questions qui ne signifient peut-être et ne trouvent de réponses que par le biais de la réalité.

Mais il y a plus, car il ne s'agirait pas pour Roquentin d'être sauvé par l'acte même d'écrire: "Naturellement, ça ne serait d'abord qu'un travail ennuyeux et fatigant, ça ne m'empêcherait pas d'exister ni de sentir que j'existe" (p. 249). Il ne s'agirait pas non plus d'avoir écrit, de s'être écrit. Ni le "j'écris, donc je suis" dont parlait Camus ni le "j'ai écrit, donc je suis." Il ne reste rien de Rollebon dans ses ouvrages (pp. 138-39), rien d'Anny dans ses lettres (p. 94), rien de Roquentin dans les lignes qu'il a tracées (p. 137). Enfin, il ne s'agirait pas simplement d'avoir créé du beau, mais plutôt, et avant tout, d'être lu: "Un livre. Un roman. Et il y aurait des gens qui liraient ce roman et qui diraient: 'C'est Antoine Roquentin qui l'a écrit, c'était un type roux qui traînait dans les cafés,' et ils penseraient à ma vie comme je pense à celle de cette négresse: comme à quelque chose de précieux et d'à moitié légendaire" (p. 249). Tout bien considéré, Roquentin serait sauvé par les autres.

Ainsi, au moment même où il envisage d'écrire un roman qui lui serait acceptable parce qu'il ne prétendrait par là ni appréhender le réel ni tenter de se rapprocher des hommes, Roquentin évoque ces derniers sans avoir résolu de façon satisfaisante le problème des rapports entre les mots et les choses. Chassez le référent et le destinataire, ils reviennent au galop! Le roman à écrire, quoi que le protagoniste puisse en penser, ne serait peut-être que l'apprentissage de son retour à la collectivité et de son ancrage dans le monde. C'est là le dernier paradoxe de *La Nausée*, un paradoxe que Sartre s'est employé depuis à démonter.

NOTES

1. Je rebaptise et simplifie les fonctions dégagées par Roman Jakobson, "Linguistique et poétique," dans *Essais de linguistique générale* (Paris, 1963), pp. 209-48.

2. Jean-Paul Sartre, *La Nausée* (Paris: Livre de Poche, 1963). Toutes mes références sont à cette édition et j'indiquerai dans le texte les pages auxquelles elles renvoient.

3. Voir, à ce sujet, Gerald Prince, "Roquentin et la lecture," *Obliques*, Nos. 18-19 (1979), 67-73.

4. Une note à la page 9 nous apprend qu' "un mot est raturé (peut-être 'forcer' ou 'forger'), [qu'] un autre rajouté en surcharge, est illisible." Ainsi, dès le début, le langage est "sous rature."

5. Voir "*Les Mots*, sans les choses, sans les mots, *La Nausée*," *Degrés*, 3 (1973), l. 1-17. On pourra consulter avec profit Arthur C. Danto, *Jean-Paul Sartre* (New York, 1975), pp. 1-37.

6. Il est significatif que, dès le début, Roquentin favorise l'écrit, c'est-à-dire ce qui est notoirement moins "naturel."

7. Cette note ne mentionne aucun roman.

Michel Contat

"L'Ange du morbide," ou
Le mystère de la femme qui crache

"L'Ange du morbide" est le premier texte publié de Sartre,[1] âgé alors de dix-sept ans. Il est présenté comme un "conte" et son sujet est le suivant:

Un jeune professeur de littérature, parfait médiocre, portant le nom antiphrastique de Louis *Gaillard* et qui, par snobisme, s'adonne à la poésie mallarméenne et nourrit des rêveries d'amours morbides, passe ses vacances dans les Vosges, dans une pension de famille située à proximité d'un sanatorium. "Ce voisinage de poitrinaires surtout l'excitait. Il espérait alors une idylle avec une de ces pauvres créatures, et, dans sa rêverie, bizarre mélange de morbidesse et de naïveté, il se voyait enlaçant la taille d'une phtisique efflanquée." Il se monte si bien le coup qu'il croit s'éprendre d'une jeune malade en deuil qu'il rencontre au cours de ses promenades et à qui il entreprend de faire une cour pédantesque. L'idylle s'ébauche. "Elle n'aimait guère ce phraseur, mais il la réchauffait au feu de sa parole, il la ranimait de sa saine médiocrité qui perçait, parfois, sans qu'il s'en doutât, sa morbidesse convenue. Elle s'efforçait surtout de ne pas tousser devant lui: c'était sa seule coquetterie. Cependant leur amour restait tout platonique." Le jour où il s'enhardit à la prendre dans ses bras en la renversant brutalement, elle est prise d'un accès de toux. La description qu'en fait Sartre est d'une extrême violence fantasmatique et ce passage est sans doute le moment le plus fort et le plus original de l'ensemble de ses écrits de jeunesse.[2] Le séducteur est épouvanté, il s'enfuit lâchement, se croit contaminé et, une fois rassuré par un spécialiste, il se marie avec une "Alsacienne, rose, blonde, bête et saine." La nouvelle se termine sur cette phrase: "Il n'écrivit jamais plus et fut décoré, à cinquante-cinq ans, de la Légion d'honneur, brevet incontesté de 'Bourgeoisie' . . . ."

Dans les entretiens filmés en 1972 pour le film *Sartre par lui-même*,[3] Sartre avoue son embarras et son incompréhension au sujet de cette nouvelle. Le passage où il en parle n'a pas été conservé au montage. Je le donne ici tel que je l'ai transcrit pour les notes de la Pléiade. Le contexte de la conversation est le suivant: Sartre parle de son adolescence à La Rochelle et de l'apprentissage qu'il y a fait de la violence et de la solitude. Ces deux expériences sont liées. Elles constituent, après les dix années "douillettes," les dix années de "fade bonheur" qu'il a passées "entre un vieillard et deux femmes"[4] (son grand-père Schweitzer, sa mère et sa grand-mère), un premier contact avec le monde tel qu'il est, rude, brutal. La solitude, il la connaît d'abord dans son nouveau foyer, à cause de sa mésentente avec son beau-père, Joseph Mancy, l'ingénieur que sa mère a épousé en secondes noces, en 1916, après dix ans de veuvage. Sartre dit que ce remariage l'a amené à une "rupture intérieure" avec sa mère à qui il s'efforce de cacher ses véritables sentiments. Autre solitude, au lycée: celle du petit Parisien maniéré, déplacé parmi des camarades qui n'ont ni les mêmes intérêts ni le même langage que lui et qui le tiennent à l'écart. La violence c'est d'eux aussi qu'il la subit: il est battu, en réponse il apprend à se battre. Et, pour s'intégrer, il prend la tête des chahuts cruels qu'ils font subir à un malheureux professeur de quatrième qu'il décrira quelques années plus tard sous le nom de "Jésus la Chouette." Ces violences—nous sommes en 1917-1918—Sartre les interprète comme l'intériorisation par des adolescents provinciaux de la violence extérieure, celle de la guerre; et il assure qu'elle était consciemment vécue par eux comme telle. Soulignons ici que l'insistance mise par Sartre à parler de cette composante de violence chez lui, répond au souci qu'il avait en 1972 d'expliquer à travers l'ensemble du film son ralliement à la violence révolutionnaire prônée et dans une certaine mesure pratiquée par les jeunes maoïstes français. La perspective plus autobiographique que politique adoptée en définitive pour le montage du film, quatre ans plus tard, ne doit pas faire oublier que nous avons affaire, dans cet extrait non monté, à un Sartre préoccupé de comprendre et de faire comprendre son itinéraire intellectuel d'un point de vue politique et non pas d'autoanalyse.

L'un des interlocuteurs fait remarquer à Sartre que "L'Ange du morbide" témoigne d'une certaine originalité. Sartre répond:

—C'est assez curieux parce que ça ressemble à du Clément Vautel. C'est-à-dire que c'est un jeune homme ridicule qui fait des poèmes. Il fait des poèmes que je considérais comme dans le genre de Mallarmé et je cite deux vers pour les donner comme ridicules. Ils le sont, c'est moi qui les ai inventés. En plus, voilà-t-il pas qu'il tombe amoureux d'une poitrinaire. Ceci m'apparaissait comme le comble de l'insanité, et, d'autre part, le jour où elle crache, il s'aperçoit qu'il n'est même pas capable d'être amoureux d'elle puisqu'il revient dans la voie normale, qui est la voie d'un petit fonctionnaire, prenant simplement des vacances. Alors je suis très embarrassé de cette nouvelle parce que je ne sais pas très bien ce que ça représente. Etais-je attiré au contraire par tout ça? C'est-à-dire non pas par une poitrinaire qui crache, mais enfin par tout un monde un peu hors du normal, avec des poèmes, des poèmes mallarméens, une aventure amoureuse avec des gens qui ne sont pas tout à fait normaux.... Etais-je attiré par ça?

POUILLON: —Mais ça va avec ce que vous disiez tout à l'heure, c'est une espèce de violence mais transposée dans le domaine littéraire, alors elle devient compatible avec la métaphore, et vous parlez de "l'ange du morbide" qui n'est pas ...

SARTRE: Qui n'est pas un ange. Mais alors le titre est évidemment imité de Poe.[5] Mais ce que ça voulait dire, je n'en sais rien. Peut-être avez-vous raison sur un point en tout cas, c'est la violence. La violence étant la femme malade et qui crache. Avec un côté que j'espérais être réaliste. Mais je suis venu au réalisme à ce moment-là par la violence. C'est-à-dire par l'idée de peindre des choses dans un monde violent.

POUILLON: —D'ailleurs, en un sens, ce que vous appelez la violence, n'est-ce pas précisément la vérité et la réalité? Ce n'est pas tellement un conflit. Plutôt une espèce de brutalité, comme on dit que quelque chose est brut, fruste ...

SARTRE: —C'est ça. C'est quelquefois un conflit, parce que, je vous dis, il y a eu beaucoup de bagarres quand j'étais enfant et j'étais pas toujours le vainqueur, bien loin de là.... Mais vous avez raison, c'était au fond découvrir la vérité. Mais alors qu'est-ce que c'était que cette histoire d'ange du morbide, je ne le saurai jamais.

CONTAT: —Il y a aussi déjà une sorte de méfiance à l'égard des attitudes fausses, le professeur c'est déjà une préfiguration du "salaud."

SARTRE: —Vous avez raison, mais c'est lui prêter une attitude fausse à propos de quelque chose . . . au fond c'est tout à fait normal qu'un homme soit amoureux d'une femme qui a une maladie poitrinaire . . . Donc je lui ai donné à ce moment-là des tas de caractères qu'on pourrait très bien ne pas imaginer. Il n'est pas vrai que tous les amoureux de tuberculeuses soient des gens qui se mentent et qui se forcent.

La première chose à remarquer au sujet de ces réflexions de Sartre, c'est un téléscopage temporel. Sartre a écrit "L'Ange du morbide" à dix-sept ans, dans les derniers mois de 1922. Il est à ce moment-là élève d'hypokhâgne à Louis-le-Grand où il est demi-pensionnaire. La guerre est finie depuis quatre ans. Il loge chez sa mère et son beau-père qui sont revenus s'installer à Paris après avoir passé sans lui encore deux ans à La Rochelle, puisqu'il est retourné à Paris en 1920 pour faire sa première puis sa classe de philosophie au lycée Henri IV où il a été pensionnaire. Or la période à laquelle Sartre se réfère pour s'interroger sur le contenu affectif de ce texte n'est pas celle où il a été composé, mais bien plutôt l'époque de La Rochelle, et plus précisément la première ou les deux premières années de son séjour là-bas, 1917-1918, c'est-à-dire quand il avait 11 ou 12 ans, l'approche de la puberté, plus que l'adolescence proprement dite: "quand j'étais enfant," dit Sartre, qui semble tenir pour évident que le mystère sur lequel il s'interroge, ou plutôt *sur lequel il renonce à s'interroger* au sujet du sens inconscient de "L'Ange du morbide" remonte à cette période critique de sa vie et non pas à son expérience de lycéen parisien.

S'il avait pris celle-ci pour espace de référence, il se serait sans doute interrogé sur les influences littéraires qui marquent le texte et sur les motifs pour lesquels il s'autoparodie dans le personnage de Louis Gaillard. Ce dernier, en effet, n'est pas seulement la préfiguration du Salaud de l'œuvre à venir, il est une dérision de Sartre lui-même, la version grotesque, ridicule et même odieuse d'une figure de son destin de professeur et écrivain des dimanches qu'il a présentée ailleurs, dans *Les Mots*, la figure du "chantre d'Aurillac." Le caractère de Louis Gaillard indique clairement l'adresse du texte, ses destinataires; ce sont les propres condisciples de Sartre, futurs professeurs, dont il se moque tout en se moquant de lui-même, comme on s'adresse une mise en garde: voilà ce qui nous attend, grotesques que nous sommes. Et l'excès de médiocrité et de pusillanimité du personnage est évidemment une manière de s'en désolidariser à titre préventif. Cet aspect-là de la nouvelle ne présente guère de difficulté d'interprétation, et c'est probablement pourquoi Sartre n'en parle pas. De même qu'il ne parle pas de l'aspect délibérément provocateur de ce texte destiné à choquer délicieusement ses camarades en heurtant les sentiments convenus. La démarche est double: d'une part celle du littérateur en herbe qui veut faire la preuve de sa hardiesse et de sa modernité, d'autre part celle du potache qui amuse ses camarades aux récréations en tournant en ridicule ses professeurs et en ravalant la femme à son corps. De ce point de vue, le sujet apparent de la nouvelle et qui lui donne son ton (une idylle de vacances entre un professeur minable et une poitrinaire crachotante), ce sujet ne fait pas problème.

Beaucoup plus subtilement, Sartre indique le caractère énigmatique pour lui-même du sens personnel de cette nouvelle. "Etais-je au contraire attiré par tout ça?" se demande-t-il et il signale ainsi une ambivalence: un double mouvement d'attraction et de répulsion, une fascination devant une découverte, celle d'une réalité insoupçonnée. Rappelons-nous ce qui est dit par Jean Pouillon dans le dialogue cité et à quoi Sartre acquiesce: la violence c'est le dévoilement d'une réalité crue, l'émergence brutale d'une vérité. Quelle est cette réalité qui à la fois attire et horrifie Sartre, à l'approche de la puberté? Quel est ce "tout ça" fascinant et occulté et qui fait retour dans le fantasme, à dix-sept ans? Sartre dénie aussitôt qu'il s'agisse de "la femme malade et qui crache" et sa tentative d'explication dévie sur "un monde un peu hors du normal, avec des poèmes mallarméens," pour revenir à la femme: "une aventure amoureuse avec des gens pas tout à fait normaux." "Etais-je attiré par tout ça?" La question ne reçoit pas de réponse.

Il ne nous reste plus qu'à interroger le texte, et, dans celui-ci, plus particulièrement le passage qui surtout fait problème aux yeux de Sartre, celui de la "femme qui crache":

Brusquement, il la renversa gémissante, comme on pousse une vieille porte qui grince. Elle suffoquait, voulait parler et soudain toussa. Il la lâcha alors, s'en voulant de sa brutalité. Elle toussait à côté de lui, elle toussait une toux grasse qui commençait par un raclement insupportable du gosier pour finir en un clapotis glaireux, comme le bruit que ferait une vague de vaseline claquante ou une méduse s'écrasant sur du marbre. Sa face habituellement d'une honnête matité, s'était foncée. Elle prenait un air misérable et méchant, la peau tendue sur ses pommettes, la lèvre inférieure désagréablement tordue et toute plissée. Elle cracha le sang sur son mouchoir, puis sa toux devint sèche et douloureuse, tout son corps était parcouru d'un frisson à chaque quinte. A la fin elle s'abandonnait à son mal, trop fatiguée pour réagir, et la violence de l'accès projetait son buste en avant avec la régularité d'un balancement d'horloge. Elle ferma enfin les yeux, épuisée, et se laissa aller comme morte sur l'herbe, peut-être avec un peu d'affectation. Louis la regarda avec l'horreur qu'a l'enfant pour le jouet qu'il éventra. Ses falotes et toutes idéales représentations de la phtisie ne l'avaient point préparé à ce spectacle; sa médiocrité n'était pas faite pour le supporter, sa morbidesse factice lui était une bien faible cuirasse contre l'horreur qu'il avait de cette amante cauchemardesque. Il oubliait la douceur réelle de cette femme, son vrai caractère, il lui semblait qu'un autre être, effrayant et mystérieux, s'était glissé en elle, quelque chose comme l'ange du morbide, de ce morbide qu'il avait tant recherché.

Cette scène est un viol: la violence de l'accès qui réduit soudain cette jeune femme à l'état de corps pantelant s'apparente à une agression sexuelle, à un viol. C'est l' "attaque" brusque du Gaillard qui déclenche l'accès de toux. Le flirt jusqu'ici est resté platonique, la jeune femme n'a jamais eu de mal à écarter le désir de l'homme: "Chaque fois qu'il tentait un geste un peu pressant, elle lui disait, sans répugnance, mais avec lassitude: 'Vous me fatiguez, mon ami.'" On aura reconnu la formule même qui annonce dans les couples bourgeois la migraine destinée à soustraire l'épouse au devoir conjugal. Au fait, cette jeune malade est-elle mariée, mère de famille? On nous la dit "en deuil." D'un mari, d'un parent, d'un enfant, d'un fils peut-être? Nous ne le savons pas. Si elle n'est pas veuve, elle est en tout cas une femme qui a *perdu quelqu'un*. Son comportement, honnête, décent, retenu, est celui d'une femme vertueuse, on pourrait dire d'une vierge. Vertu, douceur, humilité. Une veuve peut-être, chaste certainement.

On se rappelle comment Sartre, dans *Les Mots*, décrit le retour au foyer paternel de "la longue Ariane qui revint à Meudon, avec un enfant dans les bras": "les familles, bien sûr, préfèrent les veuves aux filles mères, mais c'est de justesse . . . il ne fallut pas longtemps pour que la jeune veuve redevînt mineure: une vierge avec tache."[6] Sur ses rapports d'enfant avec elle, Sartre écrit ceci: "On me montre une jeune géante, on me dit que c'est ma mère. De moi-même, je la prendrais plutôt pour une sœur aînée. Cette vierge en résidence surveillée, soumise à tous, je vois bien qu'elle est là pour me servir. . . . Dans *ma* chambre, on a mis un lit de jeune fille. La jeune fille dort seule et s'éveille chastement; je dors encore quand elle court prendre son 'tub' à la salle de bains; elle revient entièrement vêtue: comment serais-je né d'elle?"[7] On le voit, la mère de Sartre est à ses yeux une femme sans sexe.

Il en va de même pour la jeune malade de "L'Ange du morbide," à la "figure douce et chevaline": elle s'appelle Jeanne—voilà pour la douceur et la féminité—Jeanne *Hongre*—voilà pour l'aspect chevalin. Le nom est explicite: un hongre est un cheval châtré. Jeanne Hongre est une douce jument sans sexe, sans désir: une vierge privée de son corps et c'est peut-être là sa maladie. "Sa figure douce et chevaline était fripée comme une collerette froissée." Comment ne pas voir dans ce visage l'image triviale d'un sexe de vierge, fripé parce qu'inutilisé, sec comme une fleur morte, morte de n'avoir été arrosée?

Mais voilà que sous le coup de l'attaque brutale de Louis Gaillard, ce corps annulé soudain fait retour, violemment, secoué par une toux, "une toux grasse" qui commence par "un raclement insupportable du gosier"—notation qui peut valoir comme image du sexe forcé, de la pénétration sans lubrification préalable, c'est-à-dire sans désir de la part de la femme. Mais ce raclement finit en un "clapotis glaireux"—point n'est besoin d'insister sur la connation brutalement sexuelle de ces deux mots: la lubrification s'est faite, impression évidemment renforcée par le membre de phrase qui suit: "comme le bruit que ferait une vague de vaseline claquante ou une méduse s'écrasant sur du marbre." L'usage sexuel, conjugal et même sodomique de la vaseline connote immanquablement ce mot d'une charge érotique, voire pornographique. Le bruit d'une "vague de vaseline claquante," on peut y entendre le bruit produit par l'assaut de deux corps en sueur à l'approche du plaisir. Quant au mot *méduse*, corps animal gonflé d'eau, substance vivante mi-liquide mi-solide, il évoque pour nous cette catégorie "douceâtre et féminine," cette "molle aspiration" que Sartre a appelé le *visqueux*[8] et dont toute la caractérisation est, à y bien regarder, de nature sexuelle: le visqueux représente la hantise de la féminité pâmée, mouillée, offerte, ouverte, abandonnée, ou, comme dirait Serge Doubrovsky, un fantasme de féminisation, une perte d'identité sexuelle. Le mot *méduse* apparaît dans *L'Age de raison* (p. 39) avec un signifié apparemment différent mais une signification tout à fait analogue. Il s'agit de Lola figée par le désir entre les bras de Boris: "Elle s'était renversée en arrière et il était fasciné par cette tête pâle aux lèvres gonflées, une tête de Méduse."

Le désir. Nous voilà au cœur de l'ambiguïté de cette scène, de son équivoque. Car ce qui a commencé par un viol tourne, selon le classique fantasme phallique, au plaisir de la femme. Un plaisir incontrôlé, qui l'envahit malgré elle et auquel l'homme n'a finalement plus de part, qui même l'horrifie. Comme une victoire de la chair sur la conscience, du corps sur l'âme, des sens sur la vertu. "Sa face habituellement d'une honnête matité, s'était foncée." Le qualificatif moral n'est pas là par hasard: l'afflux de sang qui fonce le visage comme une tumescence est *indécent*, déshonnête. D'où l'air "méchant et misérable," la torsion et le plissement de la lèvre inférieure, douleur, furie, plaisir. C'est ici que, dans le texte, se fait le passage de la douleur au plaisir, ou plutôt leur entremêlement, leur indistinction. "Elle cracha le sang . . . ." Sang de malade, sang de vierge violentée, mais aussi glaire, glaire cervicale, comme les médecins appellent le liquide émis par une femme qui jouit. "Tout son corps était parcouru d'un frisson à chaque quinte"—"elle s'abandonnait à son mal" (à son mâle, dirait Lacan)—"La violence de l'accès projetait son buste en avant avec la régularité d'un balancement d'horloge." Tous ces termes peuvent être interprétés comme le déplacement vers la douleur de l'accouplement, de l'orgasme: frissons, expectoration rauque du gémissement amoureux, abandon, va et vient, mouvement pendulaire. La femme qui crache est une femme qui jouit. Qui jouit jusqu'à la petite mort: "Elle ferma enfin les yeux, épuisée, et se laissa aller comme morte . . . ." A quoi s'ajoute ce soupçon—rassurant?: ". . . peut-être avec un peu d'affectation." Soupçon bien masculin que cet orgasme ravageur ait été en partie simulé, hystérique, tant il est vrai que l'homme conserve toujours un doute sur la réalité de l'orgasme féminin, sur sa propre capacité à produire cette jouissance qui semble ne rien lui devoir, qui lui échappe. Ce qui domine chez notre violeur fasciné, c'est l'horreur: "Louis la regarda avec l'horreur qu'a l'enfant pour le jouet qu'il *éventra*."⁹ La poupée privée de sexe, la douce compagne de jeu s'est ouverte, l'enfant a vu ses entrailles. "Ses falotes et toutes idéales représentations de la phtisie [lisez: de l'amour charnel] ne l'avaient point préparé à ce spectacle." La réalité du corps tourne au cauchemar. "Sa médiocrité n'était pas faite pour le supporter [ce spectacle]." Ce qui est impossible à supporter c'est cet "autre être," "effrayant et mystérieux," qui s'est "glissé en elle" et qui la transforme de l'intérieur, ce désir malade, cette jouissance anormale, monstrueuse: 'l'ange du morbide," où nous pouvons voir la métaphore de la sexualité de la femme.

Ce qui s'exprime en définitive dans ce texte, c'est une violence contre la femme. Et cette violence infligée provoque chez le scripteur une jouissance analogue à celle de la femme qui la subit: une jouissance involontaire, honteuse, perverse, c'est-à-dire *déplacée*.

Quel est ce jouet éventré, ce corps sadisé, violenté de l'intérieur? Qui est la femme à qui il est ainsi fait violence? Qui est la femme qui crache? C'est évidemment la mère. La mère fantasmée. Ecartons une objection de nature biographique: le texte a été écrit par Sartre à dix-sept ans et pourrait se référer à une expérience sexuelle réelle, récente, et malheureuse. Nous ignorons tout des premières expériences sexuelles de Sartre, sinon qu'il a été "pour la première fois jusqu'au bout" peu de temps auparavant, "en classe de philosophie avec des filles qu'on rencontrait au Luxembourg," comme Sartre l'a récemment révélé dans une interview où il parlait de son rapport aux femmes.[10] Il ne nous a pas dit si cette première expérience a été heureuse ou malheureuse; toute conjecture à ce sujet serait vaine.

Je l'ai souligné au début: l'énigme que pose à Sartre lui-même "L'Ange du morbide" prend son origine dans la crise qu'il a vécue à La Rochelle. L'une des explications qu'il donne est la "rupture intérieure" avec sa mère. Mais, comme l'a montré Philippe Lejeune avec beaucoup d'intelligence et de subtilité dans une analyse à laquelle je renvoie[11] parce que j'y souscris et que j'y articule ma propre interprétation, l'explication tourne court: ce qui devrait être expliqué—les motifs de la rupture—reste inexpliqué. L'explication est tautologique: j'ai rompu parce que j'ai rompu. Et comme Sartre soupçonne son interlocuteur du moment, Jean Pouillon, d'arrière-pensées freudiennes, il précise qu'il n'a "jamais imaginé quelque chose de sexuel" entre sa mère et son beau-père, mais qu'il a rompu quand même. Philippe Lejeune montre, par une patiente et minutieuse analyse des propos de Sartre, que celui-ci reproduit dans le film, au niveau du discours, et sous l'écoute supposément analytique de Pouillon, le coup d'état intérieur, le refoulement qu'il a effectué vers l'âge de douze ans. Ce refoulement se manifeste sous la forme d'une dénégation, au sens psychanalytique de ce terme. Sartre dit ceci: "Je n'ai jamais imaginé quelque chose de sexuel, ce qui tient à ce qu'ils se tenaient très bien et que par ailleurs ma mère était plutôt une mère qu'une femme. Je n'ai jamais imaginé, mais j'ai rompu quand même."[12] Phrase que, selon Philippe Lejeune, il faut peut-être entendre ainsi: "Mais j'ai imaginé mais je n'ai pas rompu." Nous avons affaire ici à un nœud qui s'exprime par cette phrase impossible: "J'ai (*imaginé*) mais je n'ai pas (*rompu*)." "Coup de force logique," écrit Lejeune, "qui est la trace enfin visible du refoulement."[13] Ce qui est refoulé c'est tout à la fois l'image de la mère comme corps sexué, corps désirant, corps jouissant, le chagrin qui découle de cette trahison et la violence que celle-ci appelle en retour. Sartre se trouve dans l'impossibilité de sortir de ce nœud, de parler sa souffrance. D'où la "rupture intérieure" avec la mère—"comme si je n'avais pas voulu avoir de chagrin et j'avais jugé mieux de faire la rupture," dit Sartre dans le film. Il ne peut en vouloir à sa mère—elle est irréprochable: elle s'est remariée "avec les meilleures intentions du monde," c'est-à-dire non pas par amour pour l'ingénieur mais pour ne plus rester à la charge de son père qui devenait trop vieux. Il ne peut pas non plus assumer l'image de sa mère prenant du plaisir entre les bras de l'ingénieur puisque ce n'est qu'une image—"ils se tenaient très bien"—n'allons pas supposer quelque "scène primitive" dont il aurait été témoin dans la réalité comme le petit Lucien de "L'Enfance d'un chef."[14] Rien non plus ne nous permet de penser que la mère ait effectivement joui de l'étreinte conjugale et aimé son mari plus que ne veut le croire Sartre, c'est-à-dire comme une femme; nous n'en savons rien. Mais s'il ne l'a pas imaginé, quels peuvent être les motifs de la rupture intérieure par laquelle il reprend à son compte la trahison de sa mère pour en souffrir moins? Je ne prétends pas faire la psychanalyse de Sartre. Mais ce qui paraît évident c'est qu'une violence lui est faite et qu'il la retourne contre lui-même en se condamnant au silence touchant ses vrais sentiments: il fait comme si de rien n'était, il se fait violence pour ne pas montrer son chagrin à sa mère; pour ne pas la peiner par son chagrin, il s'efforce de ne pas en éprouver. Il *fait semblant* de l'aimer comme auparavant, c'est-à-dire qu'il se ment et il se force, ainsi que Sartre le dit quand il affirme: "il n'est pas vrai que tous les amoureux de tuberculeuses soient des gens qui se mentent et qui se forcent." Par le fait, il continue de l'aimer, mais il ne peut penser la nature réelle de cet amour, parce qu'il ne l'éprouve plus de la même manière: il s'y est mêlé du ressentiment et ce ressentiment ne peut ni s'avouer ni s'exprimer. Le nœud est noué, un nœud laingien typique, et tragique. Pas étonnant que Sartre dise dans *Les Mots*, et sans l'expliquer jusqu'au bout, que c'est à cette époque-là qu'il est devenu "tout à fait fou."[15] Le diagnostic d'un psychiatre serait sans doute simple: Oedipe mal liquidé. Il n'a aucun intérêt pour ce qui nous retient ici: la tentative d'élucidation d'un mystère signalé comme tel par Sartre lui-même. Mon interprétation, si elle est la bonne, peut se résumer ainsi: la femme qui crache est la métaphore de la mère qui jouit et cette métaphore révèle l'impossibilité d'admettre cette jouissance. Par tout un jeu de déplacements, d'inversions, de projections, d'identifications retournées, qu'il faudrait pouvoir étudier en détail, Sartre a mué la violence qui lui était faite en une violence littéraire contre la femme malade, en une scène masquée de viol, masquée aux yeux du scripteur lui-même, mais où s'exprime enfin son ressentiment. Fantasmée à douze ans, la jouissance de la mère ne parvient à l'expression, à dix-sept ans, qu'à travers un fantasme de viol que Sartre, à soixante-sept ans, ne peut reconnaître pour tel, tout en le pressentant très bien. Ce qui est fantasmé là c'est le coït parental. Le désir pour la mère est médié, selon le schéma mis au jour par René Girard, par le désir du beau-père à qui Sartre s'identifie pour s'en désolidariser aussitôt et s'identifier à la mère. C'est le beau-père le violeur, un violeur ridicule, la mère est une victime, mais c'est une victime consentante et qui jouit de son viol malgré elle, ce qui la rend effrayante et l'innocente à la fois. D'où l'ambivalence de la scène et le trouble du scripteur: violence contre la femme et compassion pour la souffrance que cette violence lui inflige, affreux pressentiment que cette violence lui fait plaisir. Telle est, à mon sens, la "scène primitive" de Sartre.

Il y a d'autres scènes de viol dans l'œuvre romanesque de Sartre: l'une, fantasmatique, le viol de la petite Lucienne dans *La Nausée*, qui finit chez Roquentin par le pressentiment d'une horrible jouissance à être pris par derrière. Serge Doubrovsky[16] interprète à juste titre ce fantasme comme une angoisse de féminisation résultant de l'identification à la mère. L'autre scène de viol est celle du dépucelage volontaire d'Ivich dans *Le Sursis*, montée en alternance avec l'invasion de la Tchécoslovaquie par les nazis. Il s'agit en fait d'un viol consenti au cours duquel Ivich tend toutes ses forces pour refuser la jouissance, refus dont Sartre est de toute évidence solidaire. On peut lire, là aussi, une identification d'Ivich à la mère vierge, la sœur des *Mots* que Poulou jure de protéger plus tard et d'épouser.

La critique a souligné depuis longtemps, et la plupart du temps pour le déplorer, l'aspect de "ressentiment érotique" qui caractérise tout ce qui a trait à la sexualité dans l'œuvre de Sartre. Le sujet est loin d'être épuisé. En interprétant en termes de sexualité "le mystère de la femme qui crache," je ne pense avoir fait aucun pas décisif dans la compréhension de cet aspect important de l'œuvre sartrienne et qui frappe tous ses lecteurs. L'explication par l'Oedipe a toujours quelque chose de banal et de désespérément sommaire par le fait même de son évidente et universelle vérité, dès lors qu'elle est formulée. Mon but ici était simplement de relier un texte de jeunesse assez connu, et où tous les commentateurs ont reconnu un premier état d'un thème "sartrien" (avec tout ce que cet adjectif connote de louche et d'un peu répugnant), à une problématique plus générale qui est celle que Doubrovsky appelle d'une expression heureuse: le Sexe de l'écriture. L'ange du morbide qui s'empare d'une femme sous les yeux horrifiés d'un médiocre qui l'avait tant recherché, c'est l'irruption du Sexe dans l'écriture de Sartre et c'est grâce à elle que Sartre commence à devenir le plus singulièrement lui-même. "L'Ange du morbide," la nouvelle, est à tous les sens du terme un texte *originaire*.[17]

NOTES

1. Dans *La Revue sans titre*, No. 1 [15 janvier 1923]. Repris dans Michel Contat et Michel Rybalka, *Les Ecrits de Sartre* (Paris: Gallimard, 1970), pp. 501-05.

2. Ces écrits de jeunesse, qui devaient figurer dans l'édition des *Oeuvres romanesques* de Sartre procurée par Michel Contat et Michel Rybalka dans la Bibliothèque de la Pléiade, feront l'objet d'une édition séparée.

3. Film d'Alexandre Astruc et Michel Contat, sorti à Paris en octobre 1976. Le texte intégral du film a été publié en 1977 sous le titre *Sartre* (Paris: Gallimard).

4. *Les Mots* (Paris: Gallimard, 1964), p. 66.

5. Cf. "L'Ange du bizarre," dans *Histoires grotesques et sérieuses*.

6. *Les Mots*, pp. 9-10.

7. Ibid., p. 13.

8. Voir *L'Etre et le néant* (Paris: Gallimard, 1943), pp. 695-703.

9. C'est moi qui souligne.

10. "Sartre et les femmes (I)," interview par Catherine Chaine, *Le Nouvel Observateur* (31 janvier 1977).

11. Philippe Lejeune, "Ça c'est fait comme ça," *Poétique*, 35 (1978), 269-304.

12. *Sartre*, pp. 17-18. Philippe Lejeune fait remarquer avec raison que la transcription "mise au propre" de ce passage élimine la violence faite à la logique et qui est la marque du refoulement. Il restitue les propos exacts de Sartre en proposant la transcription "littérale" suivante: "Je n'ai jamais   imaginé quelque chose de sexuel   ce qui tient d'ailleurs à ce que   se tenaient très bien et que par ailleurs   j' pense ma mère était plutôt une mère   qu'une femme   Mais j'ai jamais imaginé mais j'ai rompu quand même" (Lejeune, p. 273).

13. Ibid., p. 286.

14. Dans *Le Mur* (Paris: Gallimard, 1939), p. 137.

15. *Les Mots*, p. 174.

16. Serge Doubrovsky, "Le Neuf de cœur: Fragment d'une psycholecture de *La Nausée*," *Obliques*, "Sartre," 18-19, pp. 67-73.

17. J'ai lu cette communication à Sartre. Sa réaction a été celle-ci: "Je suis d'accord avec vous. Votre analyse est certainement juste, il n'y a pas moyen d'interpréter autrement. Mais au moment même où je vous dis cela je suis obligé de faire taire en moi une énorme protestation. C'est une idée que je n'accepte pas, mais que je ne peux pas récuser. Vous avez touché juste, sans aucun doute" (6 novembre 1978). Par la suite, j'ai su qu'il avait dit à une amie commune que mon papier n'était pas inintelligent, mais que c'était de la psychanalyse un peu facile.

Timothy J. Reiss

La Matière des signes: Langage et société selon Sartre

Le présent exposé[1] n'a d'autre prétention que de proposer quelques éléments non tant d'une "théorie" sartrienne concernant une philosophie du langage (ce qui a été un peu le projet d'Alain Goldschläger) ou les rapports entre le langage et le social, mais d'en démontrer les ambiguïtés foncières et la raison de ces ambiguïtés.

Faire ressortir ces éléments, les parcourir, en suggérer les contradictions, ce n'est pas dans le but d'ailleurs assez trivial de critiquer l'apport sartrien à la problématique devenue aujourd'hui familière de l'usage humain des signes (linguistiques). Il suffit de dire pour le moment que cette critique est très loin d'être aussi facile que certains semblent le croire. Notre but, en gros, ne peut être que de rassembler les éléments en question et de nous en servir afin de dépasser leurs limites, ce qui ne me semble possible dans l'état actuel de nos connaissances et de nos idées qu'en jouant dans l'espace de ces ambiguïtés. Cela implique que nous ne pourrons proposer d'autre conclusion que celle de certaines hypothèses de travail (que j'espère poursuivre ailleurs).

Faut-il aussi ajouter que nous ne déformerons pas la pensée de Sartre au sujet du langage en le traitant de linguiste? Il est sans doute vrai que Sartre propose parfois des "analyses," par exemple, de l'aspect sémantique des unités verbales, normalement, pour ce qui est de la prose, afin de critiquer certains usages qu'on en fait ou certaines confusions qu'on laisse persister;[2] et pour ce qui est de la poésie, afin de suggérer comment le poète se sert des mots comme "images," comme sonorités ou rythmes signifiants ayant un statut ontologique semblable à toute autre chose matérielle—concept qui est toujours resté d'ailleurs assez vague. Ces mots "proposer," "suggérer," les guillemets dans lesquels il faut envelopper le mot "analyses," indiquent justement que la réaction de Sartre aux problèmes du langage à ce niveau —le niveau que la linguistique saussurienne appellerait celui du signifiant—reste assez impressionniste. C'est comme si Sartre avait adopté (sans la connaître, que je sache) cette critique de l'"objectivisme abstrait en linguistique" avancée dès 1929 par Mikhail Bakhtine et selon laquelle le mot, en tant qu'entité fixe et stable faisant partie d'un système de langue également fixe et stable, ne serait qu'une abstraction inventée pour fournir à une linguistique à prétention scientifique un objet matériel semblable aux objets des sciences naturelles.[3]

En effet, ce qui intéresse Sartre n'est justement pas le côté grammatical, syntaxique ou lexical, etc., en tant que tels; ce qui l'intéresse c'est ce que l'on *fait* dans la *pratique* sociale ou psychologique du discours, c'est la manière dont on utilise le langage, c'est le jeu entre cet usage et les relations sociales, son rôle dans la production d'une histoire humaine dont il est en même temps le produit. Il me semble que les propos de Serge Doubrovsky et plus particulièrement ceux de Gerald Prince au sujet de *La Nausée* ont suffi pour nous montrer jusqu'à quel point l'écrivain Sartre a été préoccupé, dès le début, par cette pratique du langage: en effet la problématique de Roquentin serait: comment cerner et *dire* le monde? Comment se situer *discursivement* vis-à-vis d'autrui? Comment communiquer? Bien sûr, ce mot de "discours" reste un mot dont la signification est vague et d'ailleurs multiple. Disons en gros que je l'entends ici selon l'acception foucaldienne de pratique du langage, de manière d'organiser des propositions: ce qui implique des types de contrôle, des idéologies, des façons de concevoir et, finalement, les "objets" mêmes qui sont susceptibles d'entrer dans ce savoir qu'est tout discours.[4]

Cela dit, nous devons aussi admettre (et ce sera un point important: le lieu d'une ambiguïté foncière chez Sartre) que cette "définition" du discours a tendance, du moins au début, à contredire la pensée de Sartre pour laquelle, malgré tout, le discours saisit quelque chose qui est toujours *déjà là*, que ce soit objet, phénomène ou concept, et qu'il s'agisse du langage conventionnel de la prose ou du langage cratylien de la poésie.[5] Il est certain que ce "*déjà-là*" n'est "là" qu'en tant qu'il compose la matière d'une médiation spécifique parmi tout un ensemble de médiations entre l'acte individuel et la réalité économico-sociale. Mais c'est là justement le lieu où entre cette première ambiguïté: la langue, extérieure à l'individu et marquant le lieu de l'insertion de cet individu dans le social, appartient à tous et vient de tous, tout en étant le meilleur moyen d'expression pour l'individu. On se trouve ainsi dans le paradoxe traditionnel qui est d'avoir à exprimer le "moi" dans une langue qui est "autre" et qui est celle de l'autre, ce qui nous renvoie bien exactement au dilemme de Roquentin. Ou, comme l'écrit Benjamin Suhl: "Le dilemme du langage qui préoccupe ainsi Sartre continuellement est, finalement, celui de l'expression de notre propre expérience unique dans un langage qui puisse la communiquer à l'Autre."[6]

Dans la mesure où le langage est toujours déjà là, où il existe avant l'expérience individuelle, il s'agit d'une matérialité qui doit être affrontée comme un obstacle qu'il est nécessaire d'écarter. Dans ce sens le langage est essentiellement récalcitrant, possédant la résistance de toute matière, et Sartre peut parler, par exemple, de "signes périmés" pour lesquels il est nécessaire de *ré-inventer* une signification. D'autre part, et précisément dans la mesure où cette ré-invention est possible, le langage n'est pas *simplement* obstacle. Il est marqué par l'intention et il est la marque d'intention: je me trouve devant un système qui pose certaines limites à l'expression—et sans doute à la pensée—mais à l'intérieur de ce système j'ai pleine liberté. De ce point de vue la relation de celui qui emploie des signes au système signifiant dont il doit se servir est semblable à la relation de l'enfant au système social qu'il expérimente d'abord au sein de la famille.[7] Ajoutons que pour Sartre cette relation est valable à toute une série de niveaux apparemment divers et s'étend dans toutes les directions: aux origines lointaines du langage le mot comme image/chose aurait précédé le mot comme instrument de communication; ensuite, suivant un dicton commun chez Freud et chez Descartes, l'ontogénèse récapitulerait la philogénèse: dans la vie de l'individu, l'enfant s'approprierait d'abord les mots comme matérialité avant de les considérer comme "le moyen collectif de communication";[8] et finalement, dans l'usage quotidien que je fais du langage je dois percer à travers cette espèce de blocage que sont les mots tels qu'ils me sont donnés afin de m'expliquer néanmoins dans ces mots.

Le discours, l'usage de ce langage, partira donc toujours d'une intention–d'une *intention* dans le sens phénoménologique d'un élan de la "conscience pure" vers l'extérieur. Dès le début, Sartre se place devant une conception de l'individu et du langage qui lui posera plus tard maintes difficultés:

L'efficacité, l'éternité du *cogito*, c'est précisément qu'il révèle un type d'existence défini comme présence à soi sans intermédiaire. Le mot s'intercale entre mon amour et moi, entre ma lâcheté, mon courage et moi, non entre ma compréhension et ma conscience de comprendre. Car la conscience de comprendre est la loi d'être de la compréhension. C'est là ce que j'appellerai le silence de la conscience.[9]

Pour Sartre la pensée en tant que "conscience," en tant que "compréhension," précède tout discours. Le discours sera essentiel en ce qu'il exprime mon existence sociale, ma vie interhumaine, qu'il la rend possible en fait, et qu'il l'invente. Cependant, il me sera toujours possible de m'en tirer:

...ce que je veux exprimer, je le sais, parce que je le *suis* sans intermédiaire. Le langage peut me résister, m'égarer, mais je n'en serai jamais dupe que si je le veux, car j'ai la possibilité de revenir toujours à ce que je suis, à ce vide, à ce silence que je suis, par quoi cependant il y a un langage et il y a un monde.[10]

Tout discours sera ainsi l'expression sociale d'une conscience individuelle qui préexiste à sa mise en langage. En cela nous pouvons voir Sartre comme le successeur des deux lignées de la linguistique critiquées dans le travail de Bakhtine déjà mentionné: d'une part celle de l'"objectivisme abstrait," dont le représentant aujourd'hui le plus célèbre est Saussure et dont le *proton pseudos* serait l'idée de l'acte de parole comme totalement individuel; d'autre part celle du "subjectivisme idéaliste," dont le premier mensonge serait son idée que ce même acte s'explique par "les conditions de la vie psychique individuelle du sujet parlant."[11] En fait la différence entre les deux n'est qu'une différence de stratégie, les fondements épistémologiques restant les mêmes: il n'est question que de savoir si le lieu de l'insertion de la conscience de l'individu dans le social peut être étudié "objectivement"—la première répond non, la seconde oui.

Il est clair que Sartre se situerait plus exactement du côté de cette dernière lignée, représentée à l'époque de Bakhtine par les noms de Vossler et Spitzer et se rapprochant des travaux qui ont été poursuivis par Ingarden et plus récemment par un écrivain comme Wolfgang Iser (toute proportion gardée). Il est également clair que si la conscience individuelle précède la mise en signes on ne pourra jamais surmonter l'idée que l'expression est toujours une sorte de lutte entre la partie et le tout, une imposition de l'individu au social (ou vice versa), une saisie du monde et de l'autre par un sujet énonciateur. L'expression de l' "engagement" de l'écrivain, par exemple, de la mise en situation, sera ainsi toujours faussée en ce qu'il doit être perçu comme succédant à un écart originaire, et à un écart que l'énonciateur reste toujours prêt à réinstaller (voir la deuxième citation d' "Aller et retour" ci-dessus). On dirait que ce n'est pas seulement au moment de l'enfance que Sartre conçoit l'écrivain comme une espèce de chevalier/héros qui racontera ses vérités au monde aveugle.

L'idée de l'antériorité de la conscience à la circulation des signes sera ainsi comme une tare de l'œuvre entière de Sartre, quoique le philosophe semble s'avancer maintenant petit à petit dans une direction qui le rapprocherait de Bakhtine, qui disait, par exemple, que "la conscience individuelle est un fait socio-idéologique,"[12] qu'elle en vient à exister seulement après la circulation des signes (ou plutôt que les deux sont simultanés), qu'elle n'existe qu'en tant que participation à la circulation sociale des signes:

... la conscience elle-même ne peut surgir et s'affirmer comme réalité que par l'incarnation matérielle dans les signes. La compréhension d'un signe consiste, après tout, dans le rapprochement entre le signe appréhendé et d'autres signes déjà connus; en d'autres termes la compréhension est une réponse à un signe à l'aide de signes.... Les signes n'émergent en définitive que du processus d'interaction entre une conscience individuelle et une autre. Et la conscience individuelle elle-même est pleine de signes. La conscience ne devient conscience qu'une fois emplie de contenu idéologique (sémiotique) et, par conséquent, seulement dans le processus d'interaction sociale.[13]

Ici Bakhtine répète (sans le savoir) le concept qui fonde toute l'œuvre de Charles Peirce, une œuvre dont on commence seulement aujourd'hui à mesurer la grandeur et dont les premières publications sont parues une bonne soixantaine d'années avant les travaux de Bakhtine.[14] Pour Peirce aussi la conscience et la pensée sont entièrement matière et produit de signes, de signes qui sont à leur tour et par définition entièrement sociaux.

Les ambiguïtés de la pensée de Sartre concernant le langage viennent justement de ce qu'il voit le social comme un lieu d'échange sémiotique, mais qu'il en écarte la conscience individuelle. La matière que sont les signes linguistiques fait partie des phénomènes historiques dans lesquels tout individu doit chercher à s'insérer; son *usage* du langage est l'indice d'un *projet* visant un avenir, certes, qui aura été essentiellement changé par ce projet, mais qui reste à jamais coupé, en quelque sorte, de son origine. Néanmoins la médiation qui *sert* à faire exister ce projet est à la fois partie du projet *et* de l'histoire changée et changeante qui en résulte. C'est tout cela que nous devons explorer plus à fond, et en commençant dès le début. Mais nous pouvons déjà voir assez facilement qu'il ne suffit pas de prendre un texte de Sartre pour y critiquer un aspect de sa pensée sur le discours, pourquoi il ne suffit pas, par exemple, d'écarter la "théorie sartrienne" du langage poétique en affirmant qu'il a simplement retrouvé un cratylisme infirmé depuis bien longtemps.[15] Sartre est trop conscient que tout phénomène de langage est d'une complexité qui invalide tout modèle non-dynamique ou simplement bipolaire qui chercherait à en rendre compte.

Cela dit, nous commençons à voir poindre une autre anomalie en ce qui concerne la pensée sartrienne sur le langage: c'est que les linguistes et philosophes du langage se sont très peu intéressés aux idées de Sartre à ce sujet. Un des résultats de ce manque d'intérêt c'est que ce domaine n'a été visité que par des critiques littéraires, qui ont tous privilégié—et bien naturellement—ce texte polémique qui s'intitule *Qu'est-ce que la littérature?* Depuis lors l'opinion s'est partagée entre ceux qui sont en plein accord avec la division traditionnelle que semble faire Sartre entre le langage prosaïque référentiel et le langage poétique vu comme objet ou image "directe," et ceux qui ont réussi à découvrir, se penchant sur l'un ou l'autre de ces deux langages, que les problèmes du langage référentiel sont résolus et qu'il n'est plus question d'en parler (Paulhan), que les idées de Sartre sur la poésie font preuve de ce cratylisme naïf et confus depuis longtemps écarté (Genette), ou bien que Sartre a manipulé les mots de façon inadmissible afin de pouvoir maintenir sa position dans la polémique (Champigny).

Il est certainement vrai que dans ce texte Sartre semble faire une coupure nette entre le langage/chose de la poésie et le langage référentiel de la prose: cette coupure peut être vue comme le résultat de la contradiction déjà indiquée—la conception du mot comme objet d'appropriation, objet *visé* par la conscience, contre la conception qui perçoit le mot comme lieu de médiation, expression fondamentale (et socialisée) de cette même conscience. Mais déjà dans ce texte il y a des interférences qui ont tendance à neutraliser une opposition aussi simple.

Il reste une autre considération concernant les critiques du texte que je viens de mentionner: il s'agit de la situation de *Qu'est-ce que la littérature?* même. Il vaudrait la peine de nous arrêter un instant à cette question—qui est d'ailleurs double. Il faudrait considérer ce texte dans le contexte synchronique de l'époque de sa publication, et dans le contexte diachronique de l'œuvre de Sartre: contextes qui sont évidemment entièrement imbriqués.

Pour ce qui est du premier nous ne devons jamais oublier que Sartre a toujours eu une conscience aiguë de son public et il aurait fallu nous demander tout d'abord pour qui ce texte avait été écrit. A cela il n'y a qu'une réponse nette: "le lecteur des *Temps Modernes*," à savoir un lecteur averti, ayant intérêt, large certes, mais non spécialisé, pour les sujets traités, ainsi que des opinions socialistes ou marxistes. Il y a bien des chances pour qu'un tel lecteur (militant) ne croie pas, à première vue, à l'efficacité sociale ou économique de la poésie et il incombera donc à Sartre de distinguer fort soigneusement entre une écriture efficace et une écriture inefficace. Puisque toutes deux utilisent le médium linguistique ce sera à ce niveau-là que la distinction devra être faite tout d'abord. Nous y reviendrons.

Passons pour le moment à l'autre axe. Ici, le texte publié sous le titre de *Situations II* peut être vu comme une partie seulement d'une œuvre autrement plus large et dont le développement implique une re-lecture des textes publiés auparavant. Or Sartre lui-même fait constamment des retours sur les œuvres précédentes et on conçoit difficilement l'idée de René Girard qui critique ceux qui ne voient pas la présence de "coupures épistémologiques" dans l'œuvre du philosophe. Pour lui l'œuvre est marquée par une série continue de ruptures à l'intérieur d'une continuité et il prétend que pour les critiques qui ne perçoivent qu'un développement ininterrompu, "toute coupure réelle, toute aventure véritable est absente."[16] J'avoue que j'ai de la difficulté à comprendre pourquoi un développement ne serait pas par lui-même une "aventure." Je préfère ne voir la relation en question ni comme un développement ininterrompu ni comme une série de ruptures dans une continuité: il s'agirait plutôt d'un rapport dialectique, d'une re-lecture continuelle des ouvrages à la lumière les uns des autres. Dès lors, nous verrons que le texte de *Situations II* approche de l' "extérieur" la pensée sartrienne sur le langage, il en est un accompagnement et un commentaire. On peut voir ce texte comme une critique très poussée des concepts de langage qui visent à définir celui-ci une fois pour toutes (mettons Saussure, le Wittgenstein du *Tractatus* ou le Russell de *Sens et signification*, les recherches du Cercle de Vienne ou celles d'Ogden et Richards sur la signification, etc.) et en même temps une critique d'un usage abusif du langage résultant de telles divisions. Nous nous servirons de cet axe "diachronique" pour jeter une certaine lumière sur l'autre.

Les textes les plus récents qui traitent de ce sujet (je pense à "L'Ecrivain et sa langue," mais surtout à la troisième conférence de *Plaidoyer pour les intellectuels*) nous montrent clairement que le langage conçu comme instrument de communication, tel qu'il est ainsi divisé en deux types de fonctionnement dans *Situations II*, n'est qu'un aspect d'un phénomène autrement plus considérable. Sartre semblait récemment s'acheminer petit à petit vers ce concept de circulation sémiotique au sujet duquel nous avons déjà mentionné les noms de Peirce et de Bakhtine—non de l'instrumentalité du langage, mais de la discursivité entière du social. De ce point de vue, diviser le langage en deux fonctionnements distincts serait s'aliéner le social. Pour employer la distinction faite par Sartre dans *Saint-Genet*, mais qui ne fait que préciser celle qui avait été offerte dans *Situations II*, le langage n'est pas doté d'un sens (matériel, imagé) *ou* d'une signification (expressive, communicative), et l'utiliser comme s'il fallait faire un choix entre les "deux" serait signe d'un mauvais écrivain, poète ou prosateur: ". . . l'écrivain contemporain," dit Sartre en 1965, "le poète qui se déclare prosateur . . . a pris pour matériau la langue *commune* . . . ."[17]

Utilisant les termes dont se servait Sartre depuis le début (nous pensons à ce que nous avons dit à propos du rapport de la conscience individuelle avec le langage), nous pouvons dire que le *sens* est ce qui appartient au langage tel que nous le trouvons, il est très précisément le langage comme *matière*, une résistance qu'on peut et qu'on doit organiser par des *significations*. Ces significations sont le projet de l'énonciateur, mais un projet dans la mesure précise où il ne peut être efficace que si l'on se rend compte des limites posées d'une part par la matérialité des signes et de l'autre par le fait que le langage n'est pas simplement la marque d'autrui, mais le lieu même de ma présence à autrui—et de la sienne à moi. Autant dire que tout comme la lumière est à la fois onde et particule, la langue est à la fois circuit de significations toujours nouvelles et matière déjà donnée.[18]

Cela veut dire que le projet "poétique" d'agir comme si le langage n'existait que par et dans sa matérialité (et une matérialité qui serait celle du monde non-humain au surplus) est une fuite hors du monde social, une fuite de l'histoire. Le cas de Genet sera un cas exemplaire, un cas exemplaire du mal dont l'efficacité est essentiellement destructrice. Sartre affirme que prétendre utiliser le langage de cette manière (y être obligé dans le cas de Genet) c'est se détourner de l'humain—et c'est tout ce qu'il avait à démontrer dans *Qu'est-ce que la littérature?* Le mot "poésie," tel qu'il est utilisé dans *Situations II*, vise moins un certain type d'écriture littéraire qu'un certain refus du monde qui résulte d'une division discursive résolument traditionnelle. Même lorsqu'elle est prise dans ce sens la poésie peut néanmoins jouir d'une efficacité particulière—et qui ne saurait être que singulière.

Le cas de Genet est sans doute spécial parce que la société elle-même lui avait enlevé l'usage de son langage—répétant ainsi peut-être un geste social parallèle visant Villon: de tels écrivains doivent pour parler chercher ailleurs et le résultat en sera nécessairement une insulte hurlée à la tête de la société responsable de l'exclusion. Sartre y ajouterait la poésie de Rimbaud, et celle des poètes de la négritude. Cette poésie est efficace non parce qu'elle cherche un quelconque sens matériel du langage, mais parce que dans la confrontation d'un lecteur et de l'écrivain, le discours éclate de nouvelles significations. Le poète noir, affirme Sartre, utilise la poésie parce que la prose (quelle que soit, comme nous le verrons, la complexité de cette dernière) est le langage du blanc oppresseur: en cela il répète le cas Genet. Devant le poème du noir, le blanc voit changer de fond en comble sa situation dans l'histoire: le "sens" du langage, sa matérialité de "signes périmés," est *utilisée* par le poète ou, si l'on veut, par l'acte qui est la lecture, afin que le langage devienne *autre*.[19]

La préface qu'a écrite Sartre à ce sujet, publiée dès 1948, aurait dû avertir ceux qui se moquent de ce qu'ils appellent la théorie sartrienne de la poésie, que cette soi-disant "théorie" elle-même avait un rôle bien particulier à jouer. Elle dénonce toute idée du langage qui permettrait à l'écrivain de se détourner de l'histoire, et refuserait d'être humainement efficace, c'est-à-dire de changer pour le mieux les rapports entre les hommes. Elle ne définit pas tant la poésie qu'elle ne dénonce une certaine conception de l'écriture. Dans le cas de certains poètes, le *fait* du langage poétique peut avoir un rôle et une signification dans la formation continue des rapports sociaux, mais non dans son *déroulement*—contrairement au caractère de ce que Sartre appelle la "prose." Car le langage poétique *échappe* aux limites de l'échange nécessaire. Ce que font les poètes de la négritude c'est *montrer* ces limites. Or dans un espace logique, discursif donné (un jeu habituel, familier d'échanges) on peut, comme dit Wittgenstein, *montrer* ces limites, on ne peut pas les dire: car pour les *dire*, il faut être à l'*intérieur* d'un processus, et les limites ne le sont pas. Même quand il est efficace dans ce sens donc, le langage poétique ne peut point participer au développement d'un échange social dont les éléments sont déjà en place. C'est pour cette raison que Genet cherche à utiliser le discours comme un "assassinat"—du langage commun et de son rôle, de la société qui en dépend.

C'est donc très précisément parce que le langage poétique est "en marge," pour ainsi dire, qu'il ne saurait être efficace dans le développement social. Ajoutons que Sartre ne déviera pas de cette idée: ainsi dans l'entrevue publiée sous le titre de "L'Ecrivain et sa langue" (1965) il dira que "dans la prose, il y a réciprocité [entre l'écrivain et le lecteur], dans la poésie, je pense que l'autre sert uniquement de révélateur" (p. 58).

Cette efficacité doit donc être située ailleurs. L'erreur des critiques a été, me semble-t-il, de voir la discussion entreprise par Sartre de ce qu'il appelle "la prose" comme si elle cherchait à établir tout simplement un rapport d'opposition avec la "poésie." Cela n'est en effet aucunement le cas. Et nous n'avons pas besoin d'attendre cinq ans la parution de *Saint-Genet* pour que soit obscurci ce qui avait été tout de suite perçu comme une opposition, encore moins vingt-cinq ans la parution des trois volumes de *L'Idiot de la famille*. Déjà dans *L'Etre et le néant* Sartre en a assez dit du langage pour nous indiquer que l'opposition qui semblait établie dans *Qu'est-ce que la littérature?* est une opposition "en situation."

Le lecteur prévenu n'aurait pas dû ignorer qu'aux yeux de Sartre, et dans un sens autrement plus étendu, le langage, le discours *est la situation* de l'humain et que toute distinction que l'on pouvait chercher à établir à l'intérieur de ce champ général afin de rendre compte d'une situation spécifique et particulière ne devait pas nous aveugler vis-à-vis de ce contexte total. Je me contenterai de citer deux passages de *L'Etre et le néant* auxquels on n'a pas été très attentif lorsqu'on a considéré la pensée sartrienne sur le langage—ordinairement dans un contexte purement "littéraire":

Le langage n'est pas un phénomène surajouté à l'être-pour-autrui: il *est* originellement l'être-pour-autrui; c'est-à-dire le fait qu'une subjectivité s'éprouve comme objet pour l'autre. Dans un univers de purs objets, le langage ne saurait en aucun cas être "inventé," puisqu'il suppose originellement un rapport à un autre sujet; et dans l'intersubjectivité des pour-autrui, il n'est pas nécessaire de l'inventer, car il est déjà donné dans la reconnaissance de l'autre.

Le langage, continue Sartre, n'est donc ni instinct ni invention du sujet, car

Il fait partie de la *condition humaine*, il est originellement l'épreuve qu'un pour-soi peut faire de son être-pour-autrui et ultérieurement le dépassement de cette épreuve et son utilisation vers des possibilités qui sont mes possibilités, c'est-à-dire vers mes possibilités d'être ceci ou cela pour autrui. Il ne se distingue donc pas de la reconnaissance de l'existence d'autrui. Le surgissement de l'autre en face comme regard fait surgir le langage comme condition de mon être.[20]

Et Sartre d'ajouter que tout ce que l'on peut dire du corps peut se dire également du langage de l'homme. Là nous retrouvons déjà l'expérience qui sera racontée dans *Les Mots*, la situation résumée dans "L'Autoportrait à soixante-dix ans" selon laquelle il serait "chez lui" dans la langue.[21]

Dans *Qu'est-ce que la littérature?* la distinction prose/poésie fonctionne très précisément dans ce champ totalisant. Le prosateur serait celui qui accepte pleinement cette situation, le poète serait celui qui la refuse:

> Le parleur est en situation dans le langage, investi par les mots; ce sont les prolongements de ses sens . . . il les manœuvre du dedans, il les sent comme son corps . . . . Le poète est hors du langage, il voit les mots à l'envers . . . . (p. 19)

Qui plus est, en dépit de l'affirmation que le prosateur est homme de significations (p. 16), Sartre insistera, du moins au début, sur ce que la prose se situe en plein dans l'intersubjectivité que *sont* le langage et le social. La prose attend toujours le lecteur pour que la signification de ce qui s'y écrit puisse se compléter—et se "compléter" dans un prolongement qui à la rigueur sera infini:

> . . . aucun prosateur, même le plus lucide, n'entend *tout à fait* ce qu'il veut dire; il dit trop ou pas assez, chaque phrase est un pari, un risque assumé . . . nul . . . ne peut comprendre un mot jusqu'au fond. (p. 48, n. 5)

Avec ce mot de "comprendre," nous revenons très exactement à l'espace ouvert par *L'Etre et le néant*: le langage comme le lieu des rapports interhumains. On ne peut pas "comprendre" jusqu'au fond parce que cette "compréhension" dépend de ces rapports qui sont infinis, ou plutôt, *est* ces rapports. Et ces rapports sont *possibles* parce que la proposition donnée est marquée par un fonds sûr et dans un certain sens *épuisable* de signification: la proposition projetterait des rapports inépuisables, mais serait dotée comme d'un nœud central.[22] L'efficacité du travail de l'écriture sera donc toujours une espèce de contrainte/ouverture qui exige l'activité de l'autre:

... l'opération d'écrire implique celle de lire comme son corrélatif dialectique et ces deux actes connexes nécessitent deux agents distincts. C'est l'effort conjugué de l'auteur et du lecteur qui fera surgir cet objet concret et imaginaire qu'est l'ouvrage de l'esprit. Il n'y a d'art que pour et par autrui. (p. 55)

Ou encore: "Ecrire, c'est faire appel au lecteur pour qu'il fasse passer à l'existence objective le dévoilement que j'ai entrepris, par le moyen du langage" (p. 59). Phrase qui se rapproche passablement des vues exprimées par Ingarden.

Malheureusement nous nous trouvons en même temps devant cette ambiguïté majeure que nous avons déjà vue: l'existence de la conscience individuelle en quelque sorte à l'écart de ce circuit; l'existence d'une conscience qui *précède* "son" usage du langage et qui *se sert* du mot afin d'exprimer la "présence" à cette conscience d'un phénomène quelconque. Ce "nœud de sens" qui aurait pu n'être qu'une sorte de point de repère stable devient ainsi *l'intention du sujet de dire vrai*. Ainsi, dira Sartre, lorsqu'il s'agit des mots de la prose, "il ne s'agit pas d'abord de savoir s'ils plaisent ou déplaisent en eux-mêmes, mais s'ils indiquent *correctement* une certaine chose du monde ou une certaine notion" (p. 26, c'est moi qui souligne). Bien entendu, le concept signalé par ce mot de "correctement" infléchit dans une direction particulière le concept "comprendre."

Dès lors le circuit est brisé, le sujet énonciateur (conscience individuelle) devient possesseur de certaines pensées qu'il cherchera à *insérer* dans un circuit auquel il ne participe pas pleinement. Nous voyons ainsi surgir cette étrange idée qu'une pensée, une fois pensée, reste à jamais pareille à ce qu'elle était—"est" donc—et que "quelques mots jetés à la hâte sur le papier suffiront" pour la retrouver telle qu'elle était: une pensée *est* (une chose). En conséquence, "parler c'est agir" afin de mettre en opération ou en connaissance *cette* pensée (pp. 28-29). Sartre se trouvera contraint par la suite de constituer l'écrivain non en provocateur d'un développement vers l'avenir, mais en conservateur d'une condition du passé. Car si l'expression concrète d'une pensée va devenir une des intentions principales de l'écrivain, alors il sera porté un jugement de valeur sur cette pensée en termes de "bon sens": "avez-vous quelque chose à dire?"—c'est-à-dire, "quelque chose qui vaille la peine d'être communiqué," et ce jugement ne peut être fait qu'en termes de "système de valeurs transcendant" (p. 28). Un tel système ne saurait être prospectif, il doit évidemment précéder la communication en question: il s'agira donc là d'un système préalable et généralement accepté— par une élite de "littéraires." Un tel système représente donc un recul par rapport à ce que nous avons vu dans *L'Etre et le néant* et dans des textes plus tardifs sur lesquels nous aurons à revenir; ce système brise entièrement le circuit intersubjectif.

C'est comme si les exigences de la polémique avaient provoqué une rupture dans la pensée prospective de Sartre, l'avaient obligé à miser pour le moment du côté de la conscience individuelle. Pourquoi? Sans doute pour faciliter l'argument que l'écrivain peut agir directement sur l'autre. Ici on retrouve tous les éléments du discours néoclassique: l'individu et sa pensée qui précède la mise en paroles, l'idée de la transparence des mots ("puisque les mots sont transparents et que le regard les traverse . . ." [p. 32]), l'idée du discours dont l'action est secrète et en quelque sorte tricheuse—le beau style "incline sans qu'on s'en doute et l'on croit céder aux arguments quand on est sollicité par un charme qu'on ne voit pas" [p. 33]).[23] La prose sera ainsi un commentaire du social, du moral. Le type et la "valeur" de ce commentaire peut varier, mais la situation de base ne change pas—le discours (ici écrit), qui avait été le lieu même du social et de l'échange intersubjectif, est devenu superstructure, "parasitique" (pp. 110 ss).

L'écrivain est ainsi devenu, pour le moment, un utilisateur de formes particulières du langage, déjà données, quelqu'un d'à côté, quelqu'un qui n'est plus dans le mouvement de l'histoire, mais qui le commente, qui peut choisir sa situation, *se* faire. Il ne semblait pas que Sartre "voulait" s'acheminer dans cette direction: elle résulte plutôt de cette contradiction de base et que nous pouvons indiquer d'une autre façon. La pensée existentialiste suppose un individualisme où l'homme se crée lui-même, en fonction certes de sa présence à autrui, mais selon des choix personnels et en fonction aussi d'une nature humaine et de rapports humains dont l'*idée* ne change pas. La pensée marxiste suppose que l'histoire de la société et celle de l'individu se forment mutuellement et simultanément et que l'écrivain, pas plus qu'un autre ne saurait être *à côté* de cette formation. D'où, maintenant, certaines incohérences à propos des relations langage/société, écriture/écrivain: ce dernier, affirme Sartre (p. 155), est "enfoncé dans son milieu" (de classe) et "ne peut le juger du dehors"—mais, en ce cas, comment et que peut-il "commenter"?

Cependant Sartre est conscient de la contradiction et il trouve le moyen d'en sortir: ce n'est pas que la première analyse soit incorrecte (que l'écrivain—en "prose"—soit celui qui met continuellement en branle le circuit des échanges intersubjectifs et son développement vers un "meilleur" avenir). C'est plutôt que la contradiction doit être située dans la société telle que cette dernière est actuellement constituée—et là il a sans doute raison. Vue comme participant à un tel circuit "la littérature est, par essence, la subjectivité d'une société en révolution permanente" (p. 195). Malheureusement, cette société n'existe pas encore et l'écrivain restera donc dans la situation isolée que nous venons de remarquer—il restera en fait un "guide," une espèce de directeur d'esprit pour le lecteur (p. 331).

Il semble pourtant qu'ici une ambiguïté s'ajoute à la première contradiction. Sartre avait prétendu que le rapport langage/intersubjectivité est un rapport fondé dans l'ontologie: il forme une partie de l'essence humaine. La difficulté, c'était qu'à force de souligner la conscience individuelle fondatrice de tout rapport intersubjectif, il avait sapé la primauté de l'intersubjectivité. Il dira donc maintenant que le rapport entre ces deux "fondements" est un rapport évolutif: la société va évoluer à partir de la deuxième condition vers la première. C'est comme si Sartre voulait expliquer une contradiction conceptuelle en la concrétisant dans le social: il relativise deux constatations concernant la condition sociale qui étaient censées résumer une condition permanente.

Cela provoque à son tour une autre contradiction: Sartre avait dit que dans l'état actuel de la société, l'écrivain doit être celui qui guidera le lecteur par la main et qui le mènera vers cette nouvelle société. Seulement il dit en même temps que l'écrivain doit le faire dans un langage qui n'est même plus capable de rendre compte des conditions actuelles de la société, pour ne rien dire de l'avenir. C'est comme si en ne pouvant plus articuler ensemble la conscience et le social, en marquant cette impuissance sous la forme d'un écart chronologique dans le réel caractérisé par deux moments d'individualisme et de collectivisme, Sartre avait laissé la place à toute une série de tels écarts. Il dira ainsi que d'un côté se situe "la réalité historique et psychologique" et de l'autre se trouve "l'appareil verbal" dont "nous disposons" pour en parler (p. 337). Or les "réalités" qui passent "au premier plan," par exemple, entre les deux guerres, échappent à l'appareil en question, qui ne peut nommer qu'une réalité du passé. Et Sartre d'affirmer que la crise du langage "qui marque la littérature" à cette époque provient de cet écart.

Il me semble que si, à cet endroit, il avait pu éviter la première contradiction, une solution entièrement autre aurait été trouvée. Car, en fait, la crise du langage ne *suit* rien: il y a juste en même temps une crise économique et sociale—l' "histoire" toute entière, si l'on veut, bouillonnait. Pourquoi attribuer une antériorité à l'un ou l'autre des domaines en question? Evidemment parce que l'introduction d'écarts fait de chacun un point discret qui laisse la place ouverte à la réintroduction toute nécessaire d'un ordre de causes à effets. En fait, c'est l'antériorité attribuée à la conscience qui n'avait cessé de poser un problème énorme. Si Sartre avait carrément adopté une position semblable à celle de Peirce et de Bakhtine, cette difficulté n'apparaîtrait plus. Dans ce cas précis, par exemple, si on disait que le discours "précède" la conscience et la forme, si on admettait que le discours n'est pas de trop, mais est bien précisément ce qui permet l'articulation de l'histoire (et) de la société, alors la notion de "crise," ou plutôt de l'inexpressibilité des changements qui l'accompagnent, disparaîtrait. Tout cela aurait été perçu comme faisant partie d'un même développement dont le discours, et plus généralement la sémiosis, est à la fois l'expression et l'organisation, l' "espace" justement de son articulation. Ajoutons également que cette perception ferait disparaître l'opposition infrastructure/superstructure essentielle à un certain marxisme et qui explique aussi bien le choix de Sartre que les ambiguïtés à ce sujet dans l'œuvre publiée de Bakhtine.

A partir de là, me semble-t-il, Sartre part dans une mauvaise direction—du moins jusqu'aux entrevues les plus récentes. On pourrait se demander si, dans ces derniers cas, la forme du dialogue ne serait pas elle-même responsable d'une certaine reprise de l'idée du discours et de la société comme un circuit sémiotique, car le dialogue marquerait une rupture avec la culture monologique de la vision qui se serait installée en Occident depuis le dix-septième siècle. De toute manière, ce qui est sûr c'est que dans la *Critique de la raison dialectique*, Sartre pousse encore plus loin les conséquences de sa contradiction. Dans ce texte, il conçoit "l'Histoire" d'abord comme "ce pullulement de destins individuels": "la dialectique historique repose sur la praxis individuelle en tant que celle-ci est déjà dialectique."[24] De telles phrases semblent indiquer que ce qui importe toujours, c'est que la psychologie (la conscience) individuelle précède tout échange social (quelle que soit la définition que l'on donne à cette "conscience"). Cela implique à son tour, dans le cas du langage en particulier, que la médiation sociale est toujours vue d'abord comme étrangère à moi qui en suis conscient. Entre *je* et le langage il y a toute la distance qui se trouve entre *je* et toute matière. Il reste que cette affirmation se trouve en contradiction profonde avec cette autre assertion, selon laquelle la conscience ne saurait se manifester comme partenaire dialectique de l'intersubjectivité sinon dans et à travers le langage—et cela de façon essentielle.

Là il me semble que Sartre reprend encore une fois un motif du néoclassicisme. Il s'agit d'une certaine "occultation," d'une certaine contradiction qui subsiste depuis les "origines" du discours de l'individualisme possessif. Chez Hobbes, par exemple, nous trouvons également l'idée que l'homme commence à exister simultanément avec la société, que l'homme et la société "s'inventent" ensemble—avant la société il y aurait eu des espèces de monstres—et c'est néanmoins l'homme qui, par un "fiat" qui reflète très exactement le Fiat originel de la Divinité, établit la société. Il y a dans cette double articulation une espèce de truquage (un "effet de style," dirait peut-être Sartre) qui a pour effet de cacher l'idée de l'individu s'imposant, l'idée de l'énonciation originaire, au profit d'une sorte de communauté, d'échange social qui *aurait été toujours déjà établi* (dit-on). Cette contradiction, ce paradoxe, cette tension n'existent plus ni chez Peirce ni chez Bakhtine parce que pour eux la conscience, la pensée ne sont que des signes, que le social ne fonctionne également que dans et à travers des signes, et que la conscience et le social se forment donc simultanément et par définition: "La logique de la conscience," écrit le Russe, "est la logique de la communication idéologique, de l'interaction sémiotique d'un groupe social."[25]

Pour le Sartre de la *Critique de la raison dialectique*, le langage est moins un lieu d'échange, une médiation, qu'un point de repère dont se servent deux consciences à des fins de communication: "parler ne consiste pas à faire entrer un vocable dans un cerveau par l'oreille, mais à renvoyer par des sons l'interlocuteur à ce vocable, comme propriété commune et extérieure" (p. 18). Le mot se présente sous forme d'une chose plus ou moins rétive: c'est l'objet de la surface duquel nous est renvoyé l'écho du son émis par autrui—tout comme un sonar sous-marin. Comme nous l'avons dit, le mot est donc dans son essence conservateur; c'est comme si le discours n'était pas en mouvement continuel, comme si en fait il n'y avait *pas* d'échange locuteur/auditeur, écrivain/lecteur, mais seulement l'imposition du premier. Aussi, changer la signification et le contexte des mots implique-t-il toujours un acte de pouvoir manifesté par l'énonciateur, malheureux mais nécessaire si la conscience qui se révèle ainsi parvient à réaliser son projet. Là encore Bakhtine se place dans un lieu diamétralement opposé à celui occupé pour le moment par Sartre: les mots changent tout naturellement dans l'échange dialogique de la société; la polysémie dans ce sens est marque de la vitalité d'une société. Le mot, écrit-il, "sera toujours *l'indicateur* le plus sensible de toutes les transformations sociales, même là où elles ne font que poindre, où elles n'ont pas encore pris forme, là où elles n'ont pas encore ouvert la voie à des systèmes idéologiques et bien formés."[26]

La primauté donnée à la conscience individuelle, à sa confrontation de l'épaisse matérialité des mots, a pour résultat que Sartre se trouve obligé de situer en quelque sorte ailleurs la possibilité d'une communication sociale, c'est-à-dire ailleurs que dans l'usage intentionnel des mots. Puisque les consciences sont primaires et que la signification intentionnelle correspond au projet particulier d'un "système total de l'intériorité" de chaque conscience (p. 180), une communication sociale s'avère difficilement concevable, pour dire le moins. Sartre va donc trouver l'idée d' "une communication fondamentale," d' "une reconnaissance réciproque et [un] projet permanent de communiquer"—une Idée dont chaque énonciation serait une manifestation particulière: "le projet actuel de telle ou telle personne de particulariser cette communication générale" (p. 181). C'est bien le nadir auquel est amené Sartre grâce aux paradoxes que nous avons vus. Le langage apparaît ici de façon assez stupéfiante comme une sorte de pis-aller, un surplus qui est à écarter. Sans doute le langage, une fois donné comme outil, fait-il partie de la "dialectique" de la communication et de tout échange social, mais le "circuit" social est lui-même *tributaire* de la conscience et, partant, faussé dès le départ.

Nous retrouvons ici sous une forme plus compliquée tous les éléments des linguistiques critiquées par Bakhtine: fixité de la langue, séparation de la langue et de l'individu qui s'en sert, déplacement à un autre niveau de la conscience et de la pensée qui la précèdent et qui en déterminent l'usage. Sartre cherche, semble-t-il, à faire un détour pour éviter l'aporie saussurienne qui résulte de son refus de la parole, et la vosslerienne qui résulte de la séparation de la langue et de la conscience qui néanmoins la contrôle. Le détour sartrien ne vient point du tout de considérations sur la langue: la parole ne sera qu'une manifestation particulière d'un projet permanent de communiquer. C'est comme s'il y avait ici pour Sartre un triangle transcendantal de la signification: la langue, qui est le système repère de tout projet de communication; la Parole, l'Idée de communication inter-humaine; la parole, la particularisation de cette Idée à travers le matériau fourni par la langue, et reflétant un "système total d'intériorité."

Que Sartre se mette à bâtir ce lourd système quasi-hégélien, ce travesti, effort peut-être pour dialectiser les modèles critiqués par Bakhtine, vient directement de la contradiction du départ. De tout rapport que l'on établit entre une conscience et un système sémiotique dont elle est censée se servir, et en face duquel on la situe, toute vraie dialectisation sera à jamais exclue: les éléments resteront toujours séparés—pensée individuelle, langue commune, parole individuelle. *Mutatis mutandis* ce système, autrement plus compliqué, il est vrai, est celui de Sartre. Tout en reprenant le système, il avait cherché à répondre à cette critique fondamentale énoncée par Bakhtine du concept de l'individualité de l'acte de parole:

> En effet, si tel était le cas, ni la somme de ces actes individuels, ni les caractéristiques communes à tous ces actes individuels (les formes normalisées) ne seraient à même de déboucher sur un produit social.[27]

Chaque acte ne serait que le découpage rigoureusement individualiste d'un existant social.

Or, dans l'acte de communication, ce qui est primaire pour l'auditeur c'est le discours lui-même comme pratique sémiotique; et dans le dialogue qu'est tout acte de communication c'est la même chose pour le locuteur—il n'y aurait pas d'origine dans la conscience parce que la conscience est toujours déjà engagée dans ce dialogue. Nous devons donc nous laisser persuader par Bakhtine et par Peirce que pour l'organisme humain il n'y a pas de conscience d'avant les signes, pas de pensée sans des signes dont le fonctionnement est par définition social. (Que chaque individu ait l'expérience d'être "individu" reste hors de doute, mais il doit la comprendre, c'est-à-dire se l'exprimer et la communiquer aux autres, l'intérioriser, la "connaître," en termes fournis par les discours disponibles.)

Si l'on part de cette hypothèse, on évite immédiatement les paradoxes sartriens tels que je les ai notés jusqu'ici. Ainsi, il n'y aura pas de difficile effort pour rendre en paroles la pensée, par exemple, puisqu'entre pensée et discours il n'y a de différence que de la partie au tout. La réalité linguistique, discursive, n'est pas la totalité de ce que la *Critique* appelle "une communication permanente, collective, institutionnelle" (p. 181), une Idée qui se situerait dans quelque au-delà transcendantal de la matière de la langue. La réalité discursive c'est l'usage même de cette matière, c'est le discours pris dans le sens d'une production de signification et d'une organisation des relations sociales; cette organisation du matériau sémiotique c'est la société et c'est la pensée dans un lieu et à une époque donnés. La langue n'est pas une matière inerte dans laquelle nous puisons une pratique, la "langue" n'existe que comme discours, elle n'existe pas en dehors de ces pratiques—ni l'humain non plus.

Après la *Critique* Sartre écrit ce qui est un peu son image autobiographique: *Les Mots*, et de ce dernier volume il fait le commentaire dans cette entrevue intitulée "L'Ecrivain et sa langue." Dans ce dernier c'est un peu comme si nous voyions Sartre revenir sur ses pas. Non pas que les contradictions disparaissent, mais l'écrivain cherche à les articuler davantage dans la direction de la dialectique sociale. Les mots gagnent un peu le pas sur le pouvoir de l'énonciateur et sa pensée: l'invention de nouvelles idées ou perceptions, de nouvelles expressions est *aussi* et en même temps chercher les idées qui les expriment: "C'est un peu travailler dans l'obscur, on ne sait pas très bien ce qu'on fait."[28] C'est comme le dira Joseph Halpern très exactement à propos de *L'Idiot de la famille*: "l'on donnera toujours la préférence aux idées sur les mots, mais on ne croit plus que les significations soient aussi facilement contrôlables."[29] Cet obscurcissement de la conscience individuelle et intentionnelle vient justement d'un changement d'accent: "tout approfondissement de l'objet et du moi se fait à partir d'une *praxis* constante dont l'instrument et la médiation est le langage."[30] Il ira maintenant jusqu'à écrire qu'on ne saurait distinguer l'idée du mot: "La notion n'est pas susceptible d'être brisée, d'être séparée du mot qui l'exprime. L'idée de la pensée sans mot n'a pas de sens pour moi" (p. 73). Il aurait quand même pu dire: "n'a *plus* de sens"! Mais de toute façon, si tel est le cas, et puisque le mot participe maintenant (et d'ailleurs toujours) d'un lieu commun, cela indique que la primauté de la conscience individuelle est en train de disparaître: car si la conscience est toujours une intentionnalité qui se rend présente à travers "ses" pensées, le moment où toute pensée est conçue comme faisant partie intégrale du domaine social sonne le glas de cette conscience.

En effet, c'est comme si l'expérience menée dans la *Critique* avait abouti à un échec (du point de vue des considérations sur la langue), et si Sartre allait maintenant repartir en se servant de l'autre face de la contradiction. Il affirmera maintenant qu'il n'y a pas d'Etre *avant* le rapport sémiotique: le langage et l'homme lui-même sont toujours "au milieu" (pp. 52-53). Du point de vue de l'écrit il insistera maintenant sur le fait que l'activité de lecture est la "même" que celle d'écriture, l'une est rigoureusement nécessaire à l'autre. Nous voilà revenus à certaines citations que nous avons faites de *Qu'est-ce que la littérature?* Nous nous trouvons en effet devant cette idée de Bakhtine que le roman, par exemple, n'est que la manifestation particulière d'un champ idéologique, produit d'un contexte sémiotique, manifestant les stabilités ou les changements de l'infrastructure, mais ne pouvant pas *dire* ces transformations—précisément parce qu'il en fait partie et que les dire dans le roman ne serait qu'une autre manifestation de ces transformations. Le roman participe toujours dans sa singularité à la totalité de la circulation des signes (tout comme, forcément, le discours qui cherche à "en" parler).[31] Qu'en dira maintenant Sartre? Que moi, comme écrivain, je suis

... partie d'une totalisation en cours, je suis le produit de cette totalisation et, par là, je l'exprime entièrement; mais je ne peux l'exprimer qu'en me faisant totalisateur, c'est-à-dire en saisissant le monde de devant dans un dévoilement pratique; c'est ce qui explique que Racine produise sa société (son époque, les institutions, sa famille, sa classe, etc.) en produisant dans ses œuvres l'intersubjectivité dévoilée ....

Et le sujet de l'écrivain donc,

... c'est l'unité du monde sans cesse remise en question par le double mouvement de l'intériorisation et de l'extériorisation ou, si l'on préfère, par l'impossibilité pour la partie d'être autre chose qu'une détermination du tout et de se fondre au tout qu'elle nie par sa détermination ... qui pourtant lui vient par le tout.[32]

Sartre entame alors dans "L'Ecrivain et sa langue" une "définition" du rapport écriture/lecture que l'on pourrait presque croire fabriquée de toutes pièces à partir de Peirce. Il s'agira en effet "d'une triple médiation" qui rappelle assez précisément la sémiosis "triadique" du philosophe américain:

... la signification est médiation entre l'homme et la chose, c'est-à-dire entre le signifiant et le signifié—et inversement entre le signifié et le signifiant. Le signifié est une médiation entre le signifiant et la signification, la signification et le signifiant. Et tout ceci ne peut se faire qu'avec le lecteur, comme médiation entre le signifié et le signifiant d'abord, et ensuite entre la signification et le signifiant.

Chez Peirce ce "signifiant" de Sartre serait nommé l'interprétant; la "signification" serait le *representamen*; le signifié serait l'objet; et le tout dans un rapport permanent et constant de telle sorte que l'on ne peut concevoir un des éléments sans les autres. Chez

Peirce le lecteur serait un nouvel interprétant et une nouvelle circulation s'ajouterait en permanence à la "première." La *praxis* sartrienne est ici en voie de devenir la sémiosis de Peirce.[33]

De là il s'ensuit que Sartre pourra parler de nouveau de la polysémie dans la communication—et maintenant avec la même confiance que Bakhtine: la polysémie étant l'indice d'un développement vif du social. Cela avait été le lieu de la critique avancée très tôt par Paulhan, qui affirme que cette polysémie, dont Sartre se méfiait, n'avait pas d'importance puisque dans la pratique on réussit à fixer suffisamment les significations. Dans le temps Sartre aurait pu dire quelque chose d'assez semblable. Maintenant le cas est tout autre.[34] Une telle vue est non seulement la marque d'une bourgeoisie qui impose toujours *ses* significations, qui les fige et les contrôle, c'est aussi de "pure" mauvaise foi: c'est effectivement s'aliéner le langage—puisqu'il "appartiendra" à l'autre, qui s'en saisit; c'est s'aliéner également de la dynamique sociale. Agir ainsi c'est refuser le jeu essentiel qui est ma recomposition toujours en partie neuve d'un espace sémiotique toujours déjà composé. Ce n'est que cette insertion qui puisse marquer mon adhésion responsable à l'humain, mon intégration à l'histoire. Cette articulation de fonctionnement discursif et de pratique sociale, dans son essence dialectique, est ce qu'il faudra essayer de pratiquer.

NOTES

1. Je tiens à remercier mon collègue et ami, Paul Zumthor, de sa lecture soigneuse de l'avant-dernière version de cet essai.

2. Cet aspect a été critiqué très tôt par Jean Paulhan dans un article quelque peu léger et simpliste: "Jean-Paul Sartre n'est pas en bon termes avec les mots," *La Table Ronde*, 35 (novembre 1950), 9-20. A en croire Paulhan, ce ne serait pas la signification des mots qui flotte ou qui est multiple, mais nos idées concernant ce qu'ils indiquent: pour lui le rapport d'indice qui existerait entre le mot et l'objet ne fait pas problème—on n'a qu'à se décider une fois pour toutes. En bon cartésien Paulhan voit les rapports linguistiques comme la mise en relation d'une série de points stables. Sartre puisant d'abord dans des sources husserliennes et heideggeriennes, même dans un texte aussi "accessible" que l'est *Qu'est-ce que la littérature?* a depuis toujours déplacé la "question" du langage.

3. Mikhail Bakhtine (V.N. Volochinov), *Le Marxisme et la philosophie du langage: Essai d'application de la méthode sociologique en linguistique*, préf. Roman Jakobson, trad. Marina Yaguello (Paris: Minuit, 1977), surtout pp. 80-93, 98 ss., où

ce point de vue de la langue comme "système de normes immuables" (p. 96) est soumis à une critique exhaustive. Voir aussi mon article, "Semiology and Its Discontents: Saussure and Greimas," *Revue Canadienne de Recherche Sémiotique*, 5, No. 1 (1977), 65-101.

4. Nous devrions évidemment concrétiser cette idée de discours, mais d'abord nous n'avons pas à le faire ici, et ensuite Foucault et d'autres ont entamé ce projet depuis longtemps: à part les travaux de Foucault lui-même, je pense aussi à ceux d'Ian Hacking (*The Emergence of Probability: Why Does Language Matter to Philosophy?*) en particulier, et je pourrais peut-être me permettre de nommer deux de mes propres livres: *Tragedy and Truth: Studies in the Development of a Renaissance and Neoclassical Discourse* (New Haven: Yale Univ. Press, 1980); et plus particulièrement *The Discourse of Modernism* (Ithaca, N.Y.: Cornell Univ. Press, 1982).

5. Ce dernier aspect a été étudié dans un article récent de Gérard Genette, d'une naïveté assez surprenante: "Sens et signification: La théorie sartrienne du langage poétique," dans Pierre R. Léon et Henri Mitterand, éds., *L'Analyse du discours/ Discourse Analysis* (Montréal: C.E.C., 1976), pp. 193-99.

6. Benjamin Suhl, *Sartre: Un philosophe, critique littéraire*, trad. Jean-Paul Cottereau (Paris: Editions Universitaires, 1971), p. 42.

7. A ce sujet voir Fredric Jameson, *Marxism and Form: Twentieth-Century Dialectical Theories of Literature* (Princeton: Princeton Univ. Press, 1971), pp. 216-19.

8. Jean-Paul Sartre, "L'Ecrivain et sa langue (1965)," dans *Situations IX: Mélanges* (Paris: Gallimard, 1972), p. 42.

9. Sartre, "Aller et retour," dans *Situations I: Essais critiques* (Paris: Gallimard, 1947), p. 235.

10. Ibid., p. 236.

11. Bakhtine, pp. 92, 119.

12. Ibid., p. 30. La mort du philosophe mettra-t-elle fin à cette poursuite?

13. Ibid., p. 28.

14. L'œuvre de Charles S. Peirce n'a paru que partiellement: *Collected Papers of Charles Sanders Peirce*, I-VI, éds. C.S. Hartshorne et P. Weiss, VII-VIII, éd. A.W. Burks (Cambridge, Mass.: Harvard Univ. Press, 1931-1958). Sous la direction de Max Fisch, une édition complète est en préparation qui comportera une vingtaine de volumes. Il a paru depuis peu une sélection en traduction française. Pour son concept de sémiosis constante, voir mon article, "Peirce and Frege: In the Matter of Truth," *Revue Canadienne de Recherche Sémiotique*, 4, No. 2 (hiver 1976-1977), 5-39, qui a maintenant paru en version française: "Peirce, Frege, la vérité, le tiers inclus, et le champ pratique," *Langages*, 58 (1980), 103-27.

15. Je pense évidemment au texte de Genette, mais l'on pourrait aussi viser l'étude de Robert Champigny, "Langage et littérature selon Sartre," *Revue d'Esthétique*, 19, No. 2 (1966), 131-48. En effet, cet auteur—en 1966—examine le seul texte de *Situations II* (Paris: Gallimard, 1948), comme si Sartre n'avait rien publié d'autre avant ou après.

16. René Girard, "A propos de Jean-Paul Sartre: Rupture et création littéraire," dans Georges Poulet, éd., *Les Chemins actuels de la critique* (Paris: U.G.E., 1968), pp. 223-41; cette référence, p. 229.

17. Sartre, *Plaidoyer pour les intellectuels* (Paris: Gallimard, 1972), p. 87.

18. Ici on se rapproche de l'idée de Bakhtine selon laquelle tout énoncé développe un *thème* (à chaque fois unique et qui dépend d'un contexte social dont on ne pourra jamais capter tous les paramètres: c'est un peu le *protocole* des positivistes du

cercle de Vienne) et une *signification*: "Le thème est une *réaction de la conscience en devenir à l'être en devenir*. La signification est un *appareil technique de réalisation du thème*" (p. 143).

19. "Orphée noir," préface à *Anthologie de la nouvelle poésie nègre et malgache de langue française*, éd. Léopold Sédar Senghor (1948; réimp. Paris: Presses Universitaires de France, 1969), pp. ix-xliv.

20. *L'Etre et le néant: Essai d'ontologie phénoménologique* (Paris: Gallimard, 1943), pp. 440-41.

21. Dans *Situations X: Politique et autobiographie* (Paris: Gallimard, 1976), pp. 133-226.

22. Disons tout de suite que cette présence de signification en quelque sorte "superficielle" sera changée dès *Saint-Genet* (Paris: Gallimard, 1952) dans l'opposition sens/signification. Là justement le "sens" ne correspondrait pas à cette signification épuisable: il est une sorte de matière/image à laquelle le concept même de compréhension ne s'applique pas. C'est une idée de profondeur qui confronte la surface—l'analogue de la profondeur de la conscience; et *toute* profondeur appartient en un sens à cette dernière.

23. Pour ce qui est de ces éléments du discours néoclassique, je me permets de renvoyer à une série de quatre articles: "The *Concevoir* Motif in Descartes," dans J. Van Baelen et D.L. Rubin, éds., *La Cohérence intérieure: Etudes sur la littérature française du XVIIe siècle, offertes à J.D. Hubert* (Paris: Jean-Michel Place, 1977), pp. 203-32; "Cartesian Discourse and Classical Ideology," *Diacritics*, 6, No. 4 (1976), 19-27; "Du système de la critique classique," *Dix-septième Siècle*, 116 (1977), 3-16; "Espaces de la pensée discursive: Le cas Galilée et la science classique," *Revue de Synthèse*, 85-86 (janvier-juin 1977), 5-47.

24. *Critique de la raison dialectique* (Paris: Gallimard, 1960), p. 165.

25. Bakhtine, p. 30.

26. Ibid., p. 38.

27. Ibid., p. 134.

28. *Situations IX*, p. 42.

29. Joseph Halpern, *Critical Fictions: The Literary Criticism of Jean-Paul Sartre* (New Haven et Londres: Yale Univ. Press, 1976), p. 163.

30. *Situations IX*, p. 53.

31. Bakhtine, pp. 36-37.

32. *Plaidoyer*, pp. 99, 101.

33. *Situations IX*, pp. 56-57. Pour Peirce, voir mon article mentionné à la note 14. Ajoutons que Sartre avait plus tôt défini le "signifiant" comme la conscience d'où part l'intention de signifier—mais maintenant cette intention (on le voit dans la définition citée dans notre texte) vient d'une *praxis* déjà et toujours en cours.

34. *Plaidoyer*, pp. 107-08.

Alain Goldschläger

Jean-Paul Sartre: Une philosophie du langage?

L'intérêt actuel des philosophes se centre sur la compréhension du travail relationnel qui caractérise le rapport de l'homme à la réalité environnante et tout particulièrement sur les moyens dont dispose celui-ci pour saisir et contrôler cette réalité. Le rapport primordial de l'individu à son milieu matériel ou humain entraîne une définition de l'être en lui-même et de l'être dans sa contingence sociale. Le langage constitue le véhicule privilégié de cette interaction du monde et de l'homme au point que l'étude du signe linguistique devient le fondement premier de toute réflexion philosophique. Ludwig Wittgenstein va même jusqu'à dire que toute philosophie est une philosophie du langage. Si chacun s'accorde sur le fait que le langage dit le monde, les opinions divergent dès qu'il s'agit de savoir si le monde est structuré de la même façon que le langage, si la logique de l'expression répond à la logique des choses.

On constate avec surprise que, dans presque tous les ouvrages portant sur les fonctions du langage, la pensée de Jean-Paul Sartre brille par son absence. Les auteurs, quand ils citent Sartre, ne le font qu'au passage.[1] On s'étonne du fait que ses théories qui ont forgé l'esprit d'une grande partie de la génération française d'après guerre, se soient si complètement effacées dans une discussion qui porte cependant sur un point essentiel de la pensée: faillir dans la définition de l'existant, ce serait faillir dans la définition de l'essence aussi bien que dans celle de l'ego, car la correction dans la perception du monde devient la seule garantie de la correction de la perception de l'humain. Un choix véritable, c'est-à-dire une liberté réelle, doit plonger ses racines dans une appréhension adéquate du monde.

Devant une telle question, on est en droit de se demander comment Sartre a pu éviter d'y répondre ou si, simplement, les solutions qu'il a proposées sont à ce point dépassées que personne ne juge bon de s'y arrêter plus d'un instant. La réponse assurément exige un jugement plus nuancé. Sartre n'est pas qu'un philosophe, il est littérateur autant que penseur de l'ontologie. L'écrivain ne se distingue nullement du métaphysicien et la question de sa réflexion philosophique sur le langage est indissociable de ses prises de position d'homme de lettres. Dans cette mesure, la puissance imaginative du romancier participe intégralement de la conceptualisation philosophique du monde extérieur et du contrôle subséquent de celui-ci. Inversement la relation de l'humain avec le monde devient une connexion inéluctable avec un imaginaire. Si nous désirons utiliser des termes plus linguistiques, l'attention se détourne du référent pour se porter davantage sur la cohérence interne ou l'acceptation sociale du signifié. Paradoxe apparent que cet auteur qui prône l'engagement de la littérature dans le combat du siècle et semble vouloir faire appel à l'imaginaire comme outil de découverte du monde.

Dans un article combien intéressant, Geneviève Idt remarque qu'une théorie du référent s'élabore à travers les œuvres de Sartre, mais que contrairement à l'attente du lecteur, l'usage du référent extra-linguistique dans un roman comme *La Nausée* se montre tout aussi précis et contraignant, sinon plus, que dans *Les Mots*, texte autobiographique. En fait, "les signes sont moins les symboles des choses que des liens conventionnels entre émetteur et destinataire des échanges sociaux, des rites."[2] Dans son analyse de son propre apprentissage, Sartre décrit, comme nous allons le voir, le travail du langage qui, à la tentative de définition et de vérification du réel par le mot, substitue un essai de qualification et de contrôle de l'Autre par la littérature. Ceci explique que Sartre se soit penché davantage sur l'expression littéraire que sur le fait linguistique.

Si l'on veut bien y prêter attention, la description qu'il donne de sa première appréhension du réel dans *Les Mots* indique à suffisance le chemin parcouru. En effet, comment voit-il le monde de son enfance? En lisant: "J'ai commencé ma vie comme je la finirai sans doute: au milieu des livres."[3] Sartre décrit ensuite longuement le travail imaginatif de l'enfant que suscitait et nourrissait sa passion livresque et comment il s'enferma dans cet univers solopsiste et fabuleux: "Plus tard, j'ai cent fois entendu les antisémites reprocher aux juifs d'ignorer les leçons et les silences de la nature: je répondais: 'En ce cas, je suis plus juif qu'eux.' "[4] La vie du monde devient donc la réalité de l'écrit ou plus exactement, "la bibliothèque, c'[est] le monde pris dans un miroir."[5] L'enfant Sartre mène une existence de poète, car "le langage tout entier est pour lui [le poète] le Miroir du monde."[6] Il se construit un univers autonome fait uniquement de signifiés: monde autique que ne soutient qu'une suite de symboles graphiques. Lorsque son grand-père essaie de lui exposer la réalité, que choisit-il comme moyens? L'art et la musique, autres systèmes codifiés de projection de l'humain sur le réel. L'enfant Sartre s'installe dans le cossu de l'illusion: "je voulais vivre en plein éther parmi les simulacres aériens des Choses."[7] L'expérience première de l'existence coïncide donc pour lui avec la compréhension du mot littéraire.

On peut d'ailleurs avancer que pour tout enfant, le mot ne facilite pas la transition du concept à la chose; il lui semble s'organiser en un univers autonome qui, vu l'incomplexion du signe, se débat dans une opacité intrigante. Le langage, loin d'être un moyen de connaissance et de libération, devient le lieu de l'asservissement. On découvre que l'œuvre entière de Sartre suit un fil d'Ariane qui mène à la découverte de la réalité cachée derrière le symbole énigmatique que constitue la formule langagière: le mot devient obstacle au monde et la littérature, une lutte pour définir cet existant qui échappe à l'expression, ou plus exactement qui devient l'inverse de l'exprimé. Le verbe possède une signification aprioristique qui s'imprime sur le réel, forgeant une cohérence; mais aussi, par le procédé même, définissant une essence. Par sa matérialité même, le mot crée une pseudo-réalité spécifique que ne vérifient pas les faits. Ainsi l'écrivain ne possède, pour tout instrument, qu'un langage dont l'absurdité, mais l'absolue nécessité, caractérise la recherche et le message esthétique et philosophique. On pourrait dire que la pensée offre des évidences qui se comprennent d'elles-mêmes, alors que l'existant n'apparaît que comme une translucidité désespérément obscure.

Suivant un raisonnement logiquement "existentialiste," Sartre élabore dans *Qu'est-ce que la littérature?* une conception qui accorde au mot la puissance créatrice de la chose et nie le développement inverse: "pour le poète, le langage est une structure du monde extérieur."[8] Lorsqu'il parle du travail poétique, Sartre décrit le processus de création de la réalité par la nature même du mot qui la peint:

> Sa sonorité, sa longueur, ses désinences masculines ou féminines, son aspect visuel lui composent un visage de chair qui *représente* la signification plutôt qu'il ne l'exprime. Inversement, comme la signification est *réalisée*, l'aspect physique du mot se reflète en elle et elle fonctionne à son tour comme image du corps verbal. Comme son signe aussi, car elle a perdu sa prééminence et, puisque les mots sont incréés, comme les choses, le poète ne décide pas si ceux-là existent pour celles-ci ou celles-ci pour ceux-là. Ainsi s'établit entre le mot et la chose signifiée un double rapport réciproque de ressemblance magique et de signification.[9]

La production d'un monde extérieur au moi ne suit pas des chemins arbitraires, comme le fait son signe, car il y a nécessité à saisir dans le reflet la marque de ce moi projeté: "Car le mot, qui arrache le prosateur à lui-même et le jette au milieu du monde, renvoie au poète, comme un miroir, sa propre image."[10] La démarche de l'écrivain peut suivre deux chemins, l'un voilant la réalité, l'autre la découvrant:

> A mesure que le prosateur expose des sentiments, il les éclaircit; pour le poète, au contraire, s'il coule ses passions dans son poème, il cesse de les reconnaître: les mots les prennent, s'en pénètrent et les métamorphosent: ils ne les signifient pas, même à ses yeux. L'émotion est devenue chose, elle a maintenant l'opacité des choses: elle est brouillée par les propriétés ambiguës des vocables où on l'a enfermée.[11]

Ainsi, à sa production esthétique, le poète accepte d'intégrer l'ambiguïté du langage, alors que le prosateur cherche à l'annihiler ou, du moins, essaie de faire oublier l'inéquation du monde et du mot. Devant une nature inintelligible et absurde, l'homme crée une intelligibilité par son emploi du langage. Le problème résidera désormais dans l'imposition de cette appréhension intellectuelle de l'ordre du monde à la réalité existante.

Dans sa définition de la lecture, Sartre indique que le lecteur, à son tour, ne cherche point à retrouver une réalité tangible que symboliserait le mot, mais à recréer un nouvel univers imaginaire à sa propre mesure. La lecture devient le substitut de l'écriture car "[en] réalité, on lit parce qu'on veut écrire. Lire, c'est un peu, en tout cas, récrire."[12]

Sartre s'assigna le devoir de "vivre les livres." Dans un premier élan, il y a choix d'exister une vie faussée qui oublie les choses et qui ne se nourrit que de mots. Comme le fait remarquer L. Gagnebin, "Le réalisme de Sartre a d'abord été vécu à un niveau purement littéraire . . . ."[13] L'auteur de *L'Etre et le néant* entreprendra de rejeter cet idéalisme de base lors de ses études de philosophie, mais il en gardera des traces bien longtemps.[14] Il n'est donc guère étonnant que le premier ouvrage qu'il publie se nomme *L'Imagination*:[15] point de départ de toute sa philosophie et de toute sa vie, car son combat d'écrivain sera celui d'un penseur qui force la barrière imaginale du langage pour atteindre une vérité que ne trahissent pas les mots. La réflexion de Sartre se fonde sur une analyse du rôle et de la valeur de l'imagination pour arriver à la formulation d'une cohérence et d'une véracité conformes au monde. Et si je dis conformes, j'entends bien par là quelque chose qui correspond et non pas quelque chose qui est.

Si l'on se penche sur l'analyse sartrienne de la fonction imaginale, qu'y trouve-t-on sinon la traduction existentialiste de l'appréhension d'un univers humain, c'est-à-dire le mouvement qui va du moi à l'autre, du moi à l'objet? Le langage devient autosuffisant, a-référentiel et méprisant de la factualité des choses. La déduction logique de cette théorie résidera dans l'affirmation que la première caractéristique de l'image et du symbole sera de constituer non pas le reflet d'une chose, mais la conscience de l'humain.[16] Nous croyons ne pas trahir la pensée de Sartre en la prolongeant jusqu'à avancer que, pour lui, le signe est conscience. Et il va même plus loin et propose que la conscience imaginante vit dans un *vacuum* et pose son objet comme un néant. En fait, l'objet *per se* est impalpable et inconnaissable parce que penser un concept signifie établir son essence, mais rien de plus.[17] Sartre soutient que "la matière du signe est totalement indifférente à l'objet signifié."[18] Conséquemment la phénoménologie cosmogonique, échappant par définition à la structuration langagière, n'atteste que d'un univers de probabilités:

> D'une façon générale, ce n'est pas seulement la matière même de l'objet qui est irréelle: toutes les déterminations d'espaces et de temps auxquelles il est soumis participent de cette irréalité.[19]

Pour le mot, tout comme pour l'existence de l'écrivain, la signification va donc surgir d'un rapport latéral d'équivalence avec d'autres éléments de même statut et non pas par décantation d'une réalité assimilée et intériorisée: "Le mot, à lui seul, est idée toute faite puisqu'il se définit en dehors de nous par ses différences avec d'autres mots de l'ensemble verbal."[20] En d'autres termes, le référent d'un signe ne se situe pas à l'extérieur du système linguistique, mais dans le lien codifié unissant divers signes qui, de façon inverse et complémentaire, puisent leur signification ou leur manque de signification dans une relation équivalente avec le signe premier. Pour faire un jeu de mots douteux, chaque signe pourrait avancer: "Le référent, c'est les autres."

Saisissons que, dans cette démarche, le langage ne s'actualise que dans l'acte de parole qui détermine une action sur autrui autant qu'une définition réverbérante du Moi. Car nommer, c'est transformer:

> Parler c'est agir: toute chose qu'on nomme n'est déjà plus tout à fait la même, elle a perdu son innocence. Si vous nommez la conduite d'un individu vous la lui révélez: il se voit.[21]

Pour l'auteur des *Chemins de la liberté*, l'engagement de la littérature dans le séculier devient une nécessité absolue, non pas pour qu'elle se choisisse une orientation particulière, mais bien pour qu'elle se donne une existence. La littérature naît de son imbrication dans le combat du monde et, sans lui, elle ne peut exister. L'action politique émane d'une nécessité langagière et l'engagement sartrien procède en ligne droite de sa constatation des limites du langage comme véhicule d'une communication authentique et de l'absurdité d'une tentative d'échanges qui ne se composeraient que de mots. Se plonger dans le siècle ne constitue pas une option parmi d'autres que l'homme de lettres peut, soit accepter, soit rejeter, c'est la condition de l'existence même de sa parole. A ce titre, son choix répond à ce que Spinoza appelait une nécessité libre. L'action ne résulte pas de la parole, c'est la parole elle-même.

Le rôle moral de l'écrivain—qui s'immisce totalement dans sa création—renforce le besoin d'une langue qui puisse établir un lien entre les êtres et poser une réalité:

> Et comme il s'est une fois engagé dans l'univers du langage, il ne peut plus jamais feindre qu'il ne sache pas parler: si vous entrez dans l'univers des significations, il n'y a plus rien à faire pour en sortir; qu'on laisse les mots s'organiser en liberté, ils feront des phrases et chaque phrase contient le langage tout entier et renvoie à tout l'univers; le silence même se définit par rapport aux mots, comme la pause, en musique, reçoit son sens des groupes de notes qui l'entourent.[22]

Le message, c'est-à-dire, selon Sartre, "une âme faite objet,"[23] substantifie la pensée et découvre l'homme, car il lui devient désormais possible de se lire.

Intrinsèquement, la fonction de communication du langage, ou plus exactement l'établissement d'un lien communicatif et définissant, l'emporte, et de loin, sur la fonction de représentation: "Il n'y a d'art que pour et par autrui,"[24] écrit Sartre. Le livre ne subsiste que pour et par la lecture régénératrice de l'autre qui réfléchit et transforme la donnée première. Tout comme le juif est défini par l'antisémite, l'écrivain l'est par le lecteur et sans lui n'existe pas. Ainsi se trouve appliquée à l'écrivain et, à travers lui, à l'écriture, la problématique du regard définissant; le texte n'a de réalité que dans la mesure où il est lu, entendu et cru. D'une certaine manière, la théorie sartrienne du langage offre donc au regard ou à son substitut, la lecture, le rôle de référent, car seule la réception d'un message lui donne une signification.

Au travers de ce que nous venons de voir, on constate qu'il y a des bribes de théorisation d'une conception du langage chez Sartre, mais non pas une véritable philosophie argumentée et définie.

Ce serait lui chercher une fausse querelle que de lui reprocher de ne pas avoir inclus à *L'Etre et le néant*, par exemple, une théorie portant sur un sujet qui, à l'époque de la rédaction du livre, n'attirait pas spécialement l'attention. Par contre, on peut lui reprocher de n'avoir pas su distinguer l'importance des questions soulevées par le structuralisme et d'y avoir répondu avec une certaine légèreté.[25] Très rapidement d'ailleurs, la querelle s'est envenimée pour adopter un ton au vitriol qui empêchait une vraie discussion. Plutôt que de chercher de nouvelles bribes éparses dans les divers écrits et interviews plus ou moins intéressants de l'époque où la volonté polémique l'emporte parfois sur la cohérence et la profondeur de pensée (ce qui explique l'oubli relatif), nous voudrions maintenant nous pencher sur la véritable réponse de Sartre que l'on trouve dans l'analyse du langage contenue dans les pages de *L'Idiot de la famille*, bien qu'encore une fois, il choisisse de situer le débat linguistique au niveau littéraire.

La fascination exercée par Flaubert s'explique sans doute en partie par l'analyse qu'on y trouve. En gardant en mémoire l'enfance de Sartre telle qu'elle est décrite dans *Les Mots*, suivons l'expérience du langage du jeune Flaubert. Comme l'enfant Sartre qui lit, l'enfant Flaubert se bâtit un univers de graphèmes qu'il considère comme unique réalité, et comme base de réflexion:

Le sens de chaque mot est l'inerte unité de sa matière, l'inerte assemblage des mots détermine une contamination passive de chaque sens par les autres, une pseudo-pensée se perpétue dans ma tête, dont l'apparente signification ne dissimule pas la profonde absurdité....[26]

Le langage devient purement auto-référentiel et compose un monde qui se révèle un pseudo-monde dont l'autonomie garantit seule la survie:

L'épaisse matérialité de la "bouchée intelligible" s'accompagne d'une absence, d'un néant qui n'est autre que la signification. Il y a plus grave: si l'idée reçue est une pseudo-pensée, elle produit en nous par elle-même une pseudo-conscience: ce que nous appelons réflexion n'est qu'un renvoi du langage à lui-même, un pli dans le système des mots.[27]

Flaubert reçoit le langage comme un jeu de lieux-communs dont la bêtise est évidente et dans lequel il ne saurait croire. Il ne s'agit pas d'assembler et de désassembler les éléments pour produire une signification, mais simplement de découvrir la présentation la plus astucieuse, la plus dissimulante de la nature réelle. Dans ce contexte, le langage construit un univers autistique qui est un anti-monde où la bêtise règne, souveraine:

A ce niveau, Flaubert ne croit pas qu'*on parle: on est parlé*: le langage, en tant qu'ensemble pratico-inerte et structuré, a son organisation propre de matérialité scellée:

ainsi, résonnant tout seul en nous, selon ses lois—c'est-à-dire justement selon le sceau imposé à son inertie—il nous infecte d'une pensée à l'envers (produite par les mots au lieu qu'elle les gouverne) qui n'est que la conséquence du travail sémantique ou, si l'on veut, sa contre-finalité.[28]

Comme nous l'avons déjà vu, la question essentielle qui se pose à chacun d'entre nous, comme elle s'est posée à Flaubert, devient: que signifie le choix de l'irréel?[29] Ce choix découle obligatoirement de la situation créée par l'emploi du langage. La réponse peut en être cantonnée dans une expression langagière, car celle-ci est, *ipso facto*, bêtise et lieu-commun. La seule réaction possible face à l'irréel se situe sur un plan différent, c'est l'action:

En effet, le dévoilement du réel est un moment de l'action: il se révèle au projet qui le dépasse, à la fois comme champ pratique et comme menace permanente (coefficient d'adversité); son être est résistance et possibilité. Quand la perception n'est plus *pratique*, elle tourne à l'imagination.[30]

Hélas, Flaubert ne connaît pas l'issue du cercle vicieux du langage qui l'emprisonne, le plonge dans la solitude et dresse une barrière infranchissable autour de lui:

Il ignore que toute parole est un droit sur l'Autre, que toute phrase, même purement informative s'insère ... dans l'interminable conversation que les hommes poursuivent depuis des millénaires ... que deux personnes quelconques si différentes soient-elles, mises en présence l'une de l'autre, ne cessent de dialoguer, quand même elles s'obstineraient à se taire, puisqu'elles sont nécessairement ... voyantes et visibles, totalement signifiantes et totalement signifiées.[31]

Car le langage n'est pas "l'actualisation par le verbe de la réciprocité, mais une alternance de monologues."[32] Devenir réel, pour Flaubert, sera désormais être cru, indifférent à un quelconque référent extra-linguistique. Le langage se déréalise en créant une nouvelle force de création qui réintègre le réel dans le monde. Sartre donne à point nommé l'exemple de Klee qui décrit parfaitement le travail créateur de réalité du mot:

... lorsque Klee, à la fin de chaque mois, passait en revue ses œuvres nouvelles pour leur inventer des noms, il se produisait une sorte d'osmose: le premier structurait le second en poussant l'irréalisation à l'extrême; le second, en *appelant* le premier, du fond de l'irréel, lui communiquait, à l'instant même de l'invention verbale, son irréalité ....[33]

Sartre résume en une longue citation sa conception de la parole littéraire ou, tout au moins, celle que suscite sa réflexion sur l'œuvre et la personne de Flaubert:

> Bref le langage est une totalité conventionnelle: à peine a-t-on accepté de prendre les mots pour les choses (ce que fait tout écrivain, ce que vient de faire Gustave), le verbe se change en monde ou, si l'on veut, l'être-dans-le-monde apparaît comme un être-dans-le-verbe. Il en résulte aussitôt que, pour un esprit de type totalitaire, la totalisation ne peut être qu'intensive. Quand les mots symbolisent autant qu'ils signifient, ils ne renvoient qu'aux mots par la double raison que le graphème par l'ensemble de ses fonctions signifiantes est déjà totalisation d'une absence, c'est-à-dire du langage tout entier et que, pris comme *analogon* d'un signifié, cette totalisation sémantique a pour incidence de faire apparaître sa matérialisation sur *fond de montre*. Autrement dit l'unité du langage comme totalisation perpétuelle donne à la dispersion réelle de l'univers l'unité imaginaire d'une *Création*. [34]

Quelle conclusion tirer de tout ceci? Tout d'abord que Sartre n'aborde pas le langage en tant que philosophe, mais l'envisage à travers ses yeux de littérateur ou éventuellement de militant. Il n'a pas de philosophie du langage en tant que telle, mais développe une philosophie du langage littéraire qui entraîne des conclusions politiques, dans son cas particulier. Il conçoit le langage comme l'outil de construction d'un monde autistique et protégé, comme un moyen d'action sur l'autre, et sous une forme débile, comme une fin en soi. La conception du rôle de la parole s'intègre logiquement au système existentialiste: elle établit un moyen d'atteindre l'autre, c'est-à-dire une réverbération auto-définissante. La réalité s'efface devant une utilité et le langage crée son propre référent dont la vérité sera vérifiée par la médiation d'autrui, par son regard.

A travers Flaubert, on discerne ce qu'eût été Sartre s'il s'était confiné dans la littérature et n'avait eu le contrepoids de la philosophie. L'enfant Sartre, prisonnier du mot littéraire, bâtissant un monde solipsiste et imperméable au réel, s'avançait vers la bêtise de l'imaginaire inadéquat. Bien que balancé par l'engagement politique, ce pôle littéraire lutte pour garder sa place dans l'œuvre entière. Tout comme Wittgenstein, Sartre en arrive à la conclusion que la finalité véritable du langage pointe en direction de sa négation absolue: le mot doit être silence pour devenir valable et signifiant.

L'incompatibilité essentielle qui existe entre Sartre et le structuralisme réside dans le fondement même de leurs approches philosophiques. En quête d'une authentique libération de l'homme, Sartre ne peut que rejeter la rigidité et la servilité inhérentes à la topologie structuraliste et ne voir en elles que des entraves essentielles à la dignité humaine. Incapable de proposer une solution de rechange au langage, Sartre ne peut que se taire ou parler symboliquement.

La littérature conclut à sa propre absurdité puisqu'elle ne représente rien et que la réalité la conteste.[35] Elle peut néanmoins recouvrer une valeur en se transformant en arme de combat idéologique et de contestation du système politique. Elle suscite ce devoir de violence qui requiert un engagement total de l'être.

Ainsi la réflexion de Sartre sur le langage s'inscrit en filigrane et justifie pleinement son engagement politique et, d'une certaine manière, explique un relatif abandon de la chose écrite au profit de l'action. Il y a mise en perspective de la philosophie et de la vie et, en fin de compte, par son analyse du mot, Sartre justifie son choix: à la littérature, il préfère la vie.

NOTES

1. Parmi ceux qui ne consacrent rien à la pensée de Sartre, citons: E. Gibson, *Linguistique et philosophie* (Paris: Vrin, 1969); L. Rougier, *La Métaphysique et le langage* (Paris: Denoël, 1973); J.-C. Pariente, *Essais sur le langage* (Paris: Minuit, 1969); G. Katz, *La Philosophie du langage* (Paris: Payot, 1971). L'excellent livre d'A. Jacob, *Introduction à la philosophie du langage* (Paris: Gallimard, 1976), ne consacre qu'une page à Sartre.

2. Geneviève Idt, "*Les Mots*, sans les choses, sans les mots, *La Nausée*," *Degrés*, 1, No. 3 (1973), 1-117.

3. J.-P. Sartre, *Les Mots* (Paris: Gallimard, 1964), p. 37.

4. Ibid., p. 44.

5. Ibid.

6. J.-P. Sartre, *Qu'est-ce que la littérature?* (Paris: Gallimard, 1948), p. 20.

7. Sartre, *Les Mots*, p. 54.

8. Sartre, *Qu'est-ce que la littérature?* p. 19.

9. Ibid., p. 20.

10. Ibid., p. 21.

11. Ibid., p. 25.

12. J.-P. Sartre, *Situations IX* (Paris: Gallimard, 1972), p. 36.

13. L. Gagnebin, *Connaître Sartre* (s.l.: Ed. Resma, 1972), p. 14.

14. Sartre écrivit lui-même: "De là vient cet idéalisme dont j'ai mis trente ans à me défaire," dans *L'Etre et le néant* (Paris: Gallimard, 1943), p. 39.

15. J.-P. Sartre, *L'Imagination* (Paris: Félix Alcan, 1936), suivi d'une édition neuve et augmentée, publiée chez le même éditeur en 1938, puis aux Presses Universitaires de France en 1948. En 1940 il publie *L'Imaginaire* (Paris: Gallimard); c'est assez dire l'attention portée sur le sujet.

16. Voir *L'Imaginaire*, pp. 14 ss.
17. Pour clarifier ce point, Sartre fait appel à Spinoza (*Ethique*, I, viii, 2).
18. Sartre poursuit: "La véritable définition de chaque chose ne comprend et n'exprime que la nature de la chose définie" (*L'Imaginaire*, p. 36).
19. Ibid., p. 163.
20. J.-P. Sartre, *L'Idiot de la famille*, 3 vols. (Paris: Gallimard, 1971), I, 623.
21. Sartre, *Qu'est-ce que la littérature?* p. 29. Voir aussi "Jean-Paul Sartre répond," *L'Arc*, 30, p. 29.
22. Sartre, *Qu'est-ce que la littérature?* pp. 31-32.
23. Ibid., p. 42.
24. J.-Paul Sartre, *Situations II* (Paris: Gallimard, 1948), p. 93.
25. Le meilleur texte de cette querelle est certainement l'entrevue accordée à Pierre Verstraeten ("L'Ecrivain et sa langue," *Revue d'Esthétique*, 18 [1965], 306-34) où l'on trouve le premier pas vers une synthèse de la réflexion de Sartre sur le sujet, sans qu'on puisse trouver une théorie digne de ce nom. On se reportera avec fruit à l'article de Dominique Baudouin, "Sartre et le langage," *Pacific Coast Philology*, 7 (1972), 11-19.
26. Sartre, *L'Idiot de la famille*, I, 619.
27. Ibid.
28. Ibid., I, 623.
29. Ibid., I, 660.
30. Ibid., I, 666.
31. Ibid., I, 668.
32. Ibid.
33. Ibid., I, 672.
34. Ibid., I, 961.
35. Voir "Jean-Paul Sartre répond," p. 76.

INDEX

Achard, M., 99n
Adam, J.-M., 66n
Adamov, A., 85
L'Age de raison, 121
L'Alouette, 70
Alter, J., 7
L'Ange du morbide, 8, 114-26
Anouilh, J., 70, 99n
Apollinaire, G., 84, 98
Arnold, A.J., 15
Artaud, A., 83, 98
Astruc, A., 126n
Audry, C., 14

Bakhtine, M., 85, 86, 100n, 128, 130, 131, 132, 134, 142, 144, 145, 146, 148, 149, 149n, 150n, 151n
Bally, C., 67n
Balzac, H. de, 70, 105
Barrès, M., 105
Barthes, R., 8, 101n
Bataille, G., 102n
Baudelaire, C., 28
Baudouin, D., 163n
Beauvoir, S. de, 13, 14, 19
Beckett, S., 56, 99n
Benoît, P., 105
Benveniste, E., 62, 67n
Bernstein, H., 102n
Bogatyrev, P., 67n
Les Bonnes, 57
Bourget, P., 105
Brecht, B., 69, 84
Buyssens, E., 67n

Camus, A., 112
Castris, A.-L. de, 99n
Chacun sa vérité, 89
Chaine, C., 126n
Champigny, R., 133, 150n
Chapsal, M., 29n
Les Chemins de la liberté, 157
Le Cid, 77
Cixous, H., 53
Contat, M., 7, 99n, 116, 126n
Corneille, P., 39
Critique de la raison dialectique, 20, 143, 144, 146, 147, 151n

Danto, A., 113n
Descartes, R., 14, 130, 151n
Le Diable et le Bon Dieu, 68, 73, 99n
Discours de la méthode, 49
Dort, B., 85, 97, 99n, 100n, 102n
Doubrovsky, S., 7, 121, 125, 126n, 128
Doumer, P., 105
Ducrot, O., 34
Dumur, G., 99n
Dürrenmatt, F., 99n

Eco, U., 58, 66n
L'Enfance d'un chef, 8, 11-30, 123
Eschyle, 63
L'Etre et le néant, 50, 91, 101n, 126n, 137, 138, 140, 151n, 156, 158, 162n
Eugénie Grandet, 105

Les Euménides, 63

Fenichel, O., 36, 37, 38, 39, 40, 41, 42, 52
Ferrante, L., 99n
Fisch, M., 150n
Flaubert, G., 31-32, 40, 46, 47, 52, 159, 160, 161
La Force de l'âge, 14, 15, 19, 30n
Frege, G., 150n
Freud, S., 12, 13, 14, 15, 16, 17, 18, 19, 21, 22, 24, 32, 35, 54, 129
Foucault, M., 104, 150n

Gagnebin, L., 156, 162n
Gaudy, R., 100n
Genet, J., 40, 69, 135, 136
Genette, G., 133, 150n
Genot, G., 97, 100n, 102n
Gibson, E., 162n
Girard, R., 124, 134, 150n
Goldenstein, J.-P., 66n
Goldschläger, A., 7
Gombrowicz, W., 11
Grotowski, J., 77
Greimas, A.-J., 94, 101n, 150n
Guimbretière, A., 67n

Hacking, I., 150n
Halpern, J., 147, 151n
Hauptmann, G., 83
Henri IV, 87, 88
Hobbes, T., 143
L'Homme aux loups, 20
Honzl, J., 57, 66n
Hubert, J., 151n
Huis-clos, 8, 57, 65, 68, 73, 83-102

Ibsen, H., 83
L'Idiot de la famille, 46, 137, 147, 159, 163n
Idt, G., 7, 34, 107, 153, 162n
L'Imaginaire, 162n, 163n
L'Imagination, 156, 162n
Ingarden, R., 131, 139
Ionesco, E., 99n

Iser, W., 131
Issacharoff, M., 7, 66n, 67n, 92, 101n

Jacob, A., 162n
Jakobson, R., 58, 113n, 149n
Jameson, F., 150n
Jauss, H.R., 99n
Jésus la chouette, 115

Katz, G., 162n
Klee, P., 160
Kowzan, T., 57, 66n
Krysinski, W., 7

Lacan, J., 47, 121
LaCapra, D., 53
Laplanche, J., 30n
Lejeune, P., 122, 123, 126n
Léon, P., 150n
Löwith, K., 89, 100n

Mademoiselle Julie, 84, 98
Mademoiselle Lulu, 99
Les Mains sales, 8, 68-82
Mallarmé, S., 116
Les Mamelles de Tirésias, 84
Martinet, J., 67n
Maupassant, G. de, 101n
La Mère, 84
Mère courage, 84
Mitterand, H., 150n
La Mort dans l'âme, 28
Morts sans sépulture, 68
Les Mots, 8, 11-30, 31, 40, 113n, 119, 124, 125, 126n, 138, 147, 153, 154, 159, 162n
Les Mouches, 8, 56-67, 68
Le Mur, 126n

La Nausée, 8, 31-55, 103-13, 125, 126n, 128, 153, 162n
Nekrassov, 68
Neveux, G., 85, 99n

Ogden, C.K., 66n, 134

Oh les beaux jours, 57
On ne sait comment, 86, 88, 97, 102n

Parain, B., 43
Pariente, J.-C., 162n
Paulhan, J., 133, 149, 149n
Peirce, C.S., 131, 132, 134, 142, 143, 146, 148, 149, 150n, 151n
Piatigorski, A., 96
Pirandello, L., 69, 83, 84, 85, 86, 88, 90, 93, 97, 98, 99n, 100n, 102n
Piriou, J.-P., 15
La Place royale, 39
Plaidoyer pour les intellectuels, 134, 150n, 151n
Pontalis, J.-B., 21, 30n
Pouillon, J., 116, 123
Poulet, G., 150n
Prieto, L., 67n
Prince, G., 7, 113n, 128
Proust, M., 33, 54, 111
La Putain respectueuse, 68

Qu'est-ce que la littérature?, 30n, 80, 132, 133, 137, 138, 148, 149n, 155, 162n, 163n
Quine, W., 66n

Raillard, G., 33, 34
A la recherche du temps perdu, 33
Reiss, T., 7, 150n
Richards, I.A., 66n
Riffaterre, M., 59
Rimbaud, A., 17, 136
Robbe-Grillet, A., 44
Rougier, L., 162n
Rubin, D., 151n
Russell, B., 134
Rybalka, M., 99n, 126n

Saint Genet comédien et martyr, 21, 134, 137, 151n
Saint Joan, 70
Salacrou, A., 99n

Sartre par lui-même, 115
Saussure, F. de, 58, 130, 134, 145, 150n
Schnitzler, A., 83
Searle, J., 66n
Senghor, L., 151n
Les Séquestrés d'Altona, 60, 68, 85
Shakespeare, W., 69
Shaw, G.B., 70
Six Personnages en quête d'auteur, 84, 85, 86, 87, 88, 99, 99n, 100n
Situations I, 43
Situations II, 134, 135
Situations IX, 151n, 162n
Situations X, 151n
La Sonate des spectres, 84
Spinoza, B., 15, 163n
Spitzer, L., 131
Strawson, P., 58, 66n
Strindberg, J., 83, 84
Suhl, B., 129, 150n
Le Sursis, 28, 125

Todorov, T., 34

Ubersfeld, A., 67n
Uspenski, B., 96

Van Baelen, J., 151n
Vauthier, J., 99n
Veltrusky, J., 57, 66n
Verstraeten, P., 30n, 163n
Villon, F., 136
Vossler, K., 145

Wagner, R., 72
Witkiewicz, S., 83, 84, 98
Wittgenstein, L., 107, 109, 134, 152, 161

FRENCH FORUM MONOGRAPHS

1. Karolyn Waterson. *Molière et l'autorité: Structures sociales, structures comiques.* 1976.
2. Donna Kuizenga. *Narrative Strategies in* La Princesse de Clèves. 1976.
3. Ian J. Winter. *Montaigne's Self-Portrait and Its Influence in France, 1580-1630.* 1976.
4. Judith G. Miller. *Theater and Revolution in France since 1968.* 1977.
5. Raymond C. La Charité, ed. *O un amy! Essays on Montaigne in Honor of Donald M. Frame.* 1977.
6. Rupert T. Pickens. *The Welsh Knight: Paradoxicality in Chrétien's* Conte del Graal. 1977.
7. Carol Clark. *The Web of Metaphor: Studies in the Imagery of Montaigne's* Essais. 1978.
8. Donald Maddox. *Structure and Sacring: The Systematic Kingdom in Chrétien's* Erec et Enide. 1978.
9. Betty J. Davis. *The Storytellers in Marguerite de Navarre's* Heptaméron. 1978.
10. Laurence M. Porter. *The Renaissance of the Lyric in French Romanticism: Elegy, "Poëme" and Ode.* 1978.
11. Bruce R. Leslie. *Ronsard's Successful Epic Venture: The Epyllion.* 1979.
12. Michelle A. Freeman. *The Poetics of* Translatio Studii *and* Conjointure: *Chrétien de Troyes's* Cligés. 1979.
13. Robert T. Corum, Jr. *Other Worlds and Other Seas: Art and Vision in Saint-Amant's Nature Poetry.* 1979.
14. Marcel Muller. *Préfiguration et structure romanesque dans* A la recherche du temps perdu *(avec un inédit de Marcel Proust).* 1979.
15. Ross Chambers. *Meaning and Meaningfulness: Studies in the Analysis and Interpretation of Texts.* 1979.
16. Lois Oppenheim. *Intentionality and Intersubjectivity: A Phenomenological Study of Butor's* La Modification. 1980.
17. Matilda T. Bruckner. *Narrative Invention in Twelfth-Century French Romance: The Convention of Hospitality (1160-1200).* 1980.
18. Gérard Defaux. *Molière, ou les métamorphoses du comique: De la comédie morale au triomphe de la folie.* 1980.
19. Raymond C. La Charité. *Recreation, Reflection and Re-Creation: Perspectives on Rabelais's* Pantagruel. 1980.
20. Jules Brody. *Du style à la pensée: Trois études sur les* Caractères *de La Bruyère.* 1980.
21. Lawrence D. Kritzman. *Destruction/Découverte: Le Fonctionnement de la rhétorique dans les* Essais de Montaigne. 1980.
22. Minnette Grunmann-Gaudet and Robin F. Jones, eds. *The Nature of Medieval Narrative.* 1980.
23. J.A. Hiddleston. *Essai sur Laforgue et les* Derniers Vers *suivi de Laforgue et Baudelaire.* 1980.
24. Michael S. Koppisch. *The Dissolution of Character: Changing Perspectives in La Bruyère's* Caractères. 1981.
25. Hope H. Glidden. *The Storyteller as Humanist: The* Serées *of Guillaume Bouchet.* 1981.
26. Mary B. McKinley. *Words in a Corner: Studies in Montaigne's Latin Quotations.* 1981.

27. Donald M. Frame and Mary B. McKinley, eds. *Columbia Montaigne Conference Papers*. 1981.
28. Jean-Pierre Dens. *L'Honnête Homme et la critique du goût: Esthétique et société au XVIIe siècle*. 1981.
29. Vivian Kogan. *The Flowers of Fiction: Time and Space in Raymond Queneau's Les Fleurs bleues*. 1981.
30. Michael Issacharoff et Jean-Claude Vilquin, éds. *Sartre et la mise en signe*. 1981.

French Forum, Publishers, Inc.
P.O. Box 5108, Lexington, Kentucky 40505

Publishers of *French Forum*, a journal of literary criticism